언어의 높이뛰기

언어의 높이뛰기

신지영 교수의 언어 감수성 향상 프로젝트

신지영 지음

INFLUENTIAL
인플루엔셜

높이뛰기를 위한 도움닫기

또 한 권의 책이 세상을 향하고 있다. 원고가 필자의 손에서 일단 떠나면 그때부터는 세상의 평가와 마주하게 된다. 평가를 받는 일보다는 평가를 하는 일에 익숙해지기 시작하면 평가를 받는 일은 피하고 싶어지는 것이 인지상정일 것이다. 그럼에도 불구하고 세상의 냉정한 평가와 마주할 용기를 낼 수 있는 이유는 책을 통해 맺어지는 소중한 인연 때문이다. 특히 이 책처럼 다양한 배경을 가진 독자들과 만날 수 있는 기회를 주는 책은 전공 서적을 통해 맺어지는 인연과는 매우 다른, 아주 다채로운 결을 경험하게 한다.

하지만 같은 영역의 연구자들을 독자로 하는 글쓰기에 익숙한 세월을 오래 지내다 보니 대중과 소통하는 글쓰기는 어느덧 무디어진 듯하다. 어렵게 쓰는 버릇이 들어서인지 쉽게 쓰는 게 어렵게 느껴지니 말이다. 어렵게 느껴진다고 표현하는 것보다는 익숙하지 않다고 표현하는 것이 더 정확할 것 같다. 남편의 말처럼 '길고 어렵고 재미없는' 글쓰기에 익숙해진 탓에 '짧고 쉽고 재미있는' 글쓰기는 필자에게 도전의 영역이 되어 버렸다. 그렇지만 도전을 피하는 것은 나답지 않다. 늘 학생들에게 이렇게 말하지 않았던가? 못하니까 안 하면 계속 못하겠지만 잘하지 못해도 계속 하다 보면 더 잘할 수 있지 않겠냐고. 그런데 정작 내 자신이 도전하지 않는 것은 비겁하다. 나는 비겁한 내가 제일 싫다. 그러니 도전은 나의 숙명일 수밖에. 그렇게 또 한 걸음을 나서 본다.

책이 독자들의 손으로 전해진 후에는 어쩌면 더 큰 용기를 내야 할 일이 생길지도 모른다. 새로운 도전의 기회가 올 수도 있고 이런저런 평가의 칼날과 마주해야 할 수도 있다. 하지만 미리 걱정하지는 않는다. 왜냐하면 용기가 필요할 때 용기를 내는 나만의 비법이 있기 때문이다. 그 비법은 태어날 때의 용기를 떠올려 보는 것이다. 따지고 보면 우리는 모두 태어날 때 정말 용감했던 존재들이었다. 아는 사람도 한 명 없는 곳에, 아무것도 모르는 상태로, 할 줄 아는 것 하나 없이 세상과 마주했었다. 그때에 비하면 지금은 아는 사람도 많고, 아는 것도 생기고, 할 수 있는 것도 생겼다. 용기를 못 낼 이유가 없다. 용기가 필요할 때마다 용감하게 태어났던 나를 떠올리며 용기를 내 본다. 그렇게 또 한 걸음을 내디며 본다.

하지만 필자의 도전에 가장 큰 용기를 북돋워 주는 것은 많은 이의 격려와 응원이다. 그들의 격려와 응원은 위험해 보이는 바깥 세상을 흥미로운 탐험의 장소로 바꾸어 주는 마법을 발휘한다. 그 덕분에 비겁한 나를 만나지 않으려 나섰던 발걸음과, 나만의 비법으로 용기 내어 내디뎠던 발걸음은 탐험을 마치는 마지막 발걸음으로 이어질 수 있다. 그리고 그 걸음걸음을 내가 생각하는 것보다 더 의미 있는 일로 만들어 준다. 이 책 또한 많은 사람의 격려와 응원 덕분에 시작과 마무리를 할 수 있었다. 책의 서문을 빌려 그들에게 감사의 인사를 전할 수 있어 기쁘다.

이 책의 출간에 가장 직접적인 계기를 만들어 준 것은 이 책의 편집을 맡았던 인플루엔셜의 박지영 선생과 원고의 골자를 만들 수 있는 강연 기회를 준 현대경제연구원의 이보라 선생이다. 두 분이 비슷한 시기에 출판 제안과 강연 제안을 하지 않았다면 이 책은 세상과 만나지 못했을지도 모른다. 많은 우여곡절 속에서 포기하지 않고 마무리를 할 수 있었던 것은 전적으로 두 분의 믿음과 인내 그리고 응원 덕분이었다.

방송문화진흥회의 김상균 이사장님, YTN 라디오 〈슬기로운 라디오생활〉의 김양원 국장님과 이은지 PD님, MBC 〈탐나는 TV〉의 정성후 국장님, 〈톱클래스(topclass)〉의 김민희 편집장님은 날카로운 문제의식과 폭넓은 언어 감수성, 그리고 생생한 언어의 세계를 탐험하며 이를 세상과 나눌 수 있는 기회를 만들어 주셨다. 또 CBS의 김현정 앵커님, YTN의 변상욱 앵커님, 옥스퍼드 대학의 조지은(Jieun Kiaer) 교수님, 최인아책방의 최인아 대표님께서는 바쁜 중에도 번거로움을 마다하지 않으시고 흔쾌히 추천사를 써 주셨다. 이 모든 분께 부디 깊은 감사의 마음이 전해질 수 있기를 바란다.

다다다(말하다, 듣다, 즐기다) 프로그램과 고다운(고대생다운) 스피치 아카데미를 함께 만들어 운영하고 있는 고려대학교 민족문화연구원의 도원영, 조민하 교수님, 장신대학교의 조수진 교수님, 또 TBS의 정연주 아나운서님은 말을 통해 사람들의 삶을 행복하고 풍요롭게 해 주기를 함께 꿈꾸는 언어의 지음(知音)들이다. 또, 공부모임을 함께하는 나사렛대학교의 김수진, 김정미, 윤미선 교수님과 서경대학교의 장문수 교수님은 연구를 놀이로 놀이를 연구로 만들며 삶의 굽이굽이를 함께해 주는 연구와 삶의 지음들이다. 그들의 경청과 호응 덕분에 함께 나눈 이야기들이 글로 이어질 수 있었다. 연구와 삶을 모두 풍성하게 해 주는 귀한 지음들에게 진심으로 감사를 전한다.

감사의 글을 쓰다 보니 지난 5월 돌아가신 이재만 변호사님이 더욱 뵙고 싶어진다. 살아계셨다면 누구보다 책의 출간을 기뻐해 주셨을 것이다. 변호사님께 못다 전한 감사의 마음은, 조

향 교수님께 드리는 깊은 감사의 마음에 더해 함께 전해 본다.

책의 초고를 읽고 좋은 의견을 준 언어탐험대의 김유진(로운), 안예진(느루), 이시은(나로) 대원과 몇 차례 교정에도 필자의 눈에는 절대 보이지 않았던 오탈자와 비문을 마지막 교정에서 잘 잡아 준 박사과정의 박지은, 서윤정, 유도영, 이나라, 정희재 선생에게도 이 자리를 빌려 고맙다는 말을 하고 싶다. 이들의 의견과 교정이 없었다면 책의 완성도가 지금보다 떨어졌을 것이다.

아내의 등만 보아야 하는 긴 시간을 잘 견딤은 물론, 이 책의 첫 번째 독자, 아니 청자가 되어 준 사랑하는 남편 유돈식 박사에게 진심 어린 감사의 말을 전하고 싶다. 책의 한 꼭지가 완성될 때마다 쪼르르 달려가서 긴 글을 무작정 읽어대는 필자의 목소리에 귀를 기울이고 꾸역꾸역 들어주는 마음이 늘 고맙다. 가장 날카롭고 가장 솔직한 평자이기에 내게는 정말 귀한 사람이다. 이 책의 첫 번째 독자였으니 이 책의 첫 권을 바쳐야겠다.

끝으로 이 책을 읽어 줄 미래의 독자에게 앞선 감사를 전한다. 여러분과 함께이기에 언어의 높이뛰기는 우리 사회를 한 단계 도약시키는 의미 있는 몸짓이 될 수 있을 것이다.

2021년 8월
신지영

첫 번째 강의

왜 반말하세요?
나이가 권력인 우리

작가는 당연히 어른일까? • 아이는 어른에게 반말을 하면 안 될까? • 나이가 궁금한 우리 • 권력관계가 드러나는 질문, "몇 살이세요?" • 나이를 묻는 진짜 이유 • 나이가 권력이 되는 사회, 그 사회를 만든 언어 • '선량한' 연령 차별주의자를 만드는 높임법 • 바뀌어 온 언어, 바꾸어 갈 언어 • 말로 각인되는 사람의 서열 • 사람 위에 사람 있고 사람 밑에 사람 있다?

#깊이보기 높임법을 없앤다면 어떤 말로 통일할까?
#깊이보기 세는나이를 포기할 수 없는 이유
#깊이보기 족보 파괴자 '빠른년생'의 탄생 배경
#깊이보기 한국어 높임법의 작동 원리

두 번째 강의

'민낯'이 불편한 말이 된 이유
곱씹을수록 불편해지는 단어들

어느 날 갑자기 • 민낯이 왜 나쁘지? • 화장은 왜 나쁘지? • 부정적인 시선이 향하는 곳 • '민낯'과 '화장'에 담긴 주류의 관점 • '프로불편러'라는 이름표 • 배운대로 말할 뿐이라고? • 그럼 도대체 어떤 말을 쓰라는 거야!

#깊이보기 '민낯'은 언제부터 사용된 말일까?

당신의 언어 감수성을 위하여

● 다소 엉뚱한 출발

필자가 '언어 감수성'에 주목하게 된 계기는 의외로 엉뚱하다. 처음 만나는 사람들과의 대화 속에서 '피부'와 '주름살'에 대한 언급이 많아졌다는 것을 문득 깨닫게 된 것이 계기가 되었으니 말이다.

필자가 처음 강단에 선 것은 서른두 살, 막 유학을 마치고 돌아온 때였다. 그리고 5년 동안의 구직 기간을 거쳐 서른일곱 살 때 처음 대학의 전임 교수가 되었다. 서른둘도, 서른일곱도 강사가 되기에 혹은 교수가 되기에 결코 이른 나이는 아니었다. 하지만 화장기 없는 얼굴에 파마를 하지 않은 단발머리로 다녀서인지 아무리 정장을 갖춰 입어도 사람들은 필자를 늘 나이보다 어리게 보았다. 그러다 보니 교수가 된 초창기 한동안은 자주 학생으로 오해를 받곤 했다.

첫 직장인 나사렛대학에서는 채플에 참석하기 위해 동료 교수들과 함께 채플실에 들어가다가 학생들에게만 주는 채플 카드를 혼자 받아서 동료 교수들의 빈축을 샀다. 그리고 교수가 된 초창기 한동안은 연구실 문을 열고 두리번거리다가 필자에게 교수님은 어디 계시냐고 묻는 사람도 많았다. 교수라는 직업의 특성상 평균 연령이 높다는 점 때문이기도 하지만 교수의 대부분이 남성이라는 점도 필자를 학생으로 보게 하는 이유였던 것 같다.

● **나의 오해는 전적으로 당신의 탓**

그런데 흥미로운 것은 그런 오해를 한 사람들이 필자가 교수임을 알게 된 후의 반응이었다. 대부분의 사람들은 실수를 만회하기라도 하려는 듯이 필자에게 이런 말을 하곤 했다.

"정말 어린 나이에 교수가 되셨네요!"

"교수님, 피부가 너무 좋으세요!"

"어쩜, 그렇게 주름살이 없으세요?"

"너무 동안이시네요!"

학생이라고 생각하고 무례하게 행동한 사람들의 입에서 이런 말을 자주 듣게 되니 은근히 짜증이 났다. 자신의 무례한 행동 혹은 생각을 덮고자 이런 말을 하는 경우가 많았기 때문이다. 그러니 이 말의 속뜻이 다음과 같이 들릴 수밖에 없었다. 당신이 너무 일찍 교수가 돼서 교순 줄 몰랐다. 당신이 제 나이로 보이지 않았기 때문에 교순 줄 모르고 학생 대하듯이 행동했다. 그런데 그것은 전적으로 당신이 피부가 너무 좋고 주름살이 없어서 어려 보인 탓이다.

그런데 나이가 어리고 학생이면 무례하게 대해도 된다는 뜻인가?

이런 말들은 모두 어리고 학생이라는 이유로 아무렇게나 취급당해도 된다는 생각이 전제되어 있는 만큼, 불쾌하고 화가 났다. 필자가 어리고 학생일 때는 느끼지 못했는데 나이가 들고 학생이 아닌 상황이 되어서야 우리 사회에서 나이가 어려 보이는 사람들, 그래서 지위가 낮아 보이는 사람들이 어떤 대접을 받고 있는지를 알게 되었다.

● **피부 민감도 말고 언어 민감도!**

또한, 이런 말을 자주 듣게 되면서 문득 언제부턴가 우리 사회가 상대의 '피부'와 '주름살'에 특히 주목하며 예민한 반응을 보인다는 것을 깨닫게 되었다. 그리고 그것이 모두 텔레비전의 대형화와 고화질 디지털 방송과 관련이 있다는 것을 알게 되었다.

미디어 환경이 시청자들로 하여금 연예인들의 피부와 주름살에 주목하게 만들었고 그러한 민감도가 화면 밖 일반인에게까지 전이된 결과였다. 이제 사람들은 자신은 물론 타인의 피부와 주름살에 민감한 반응을 보이게 되었고 급기야 그러한 점들을 대놓고 자주 '언급'하기에 이르렀다는 것이 필자의 결론이었다.

이런 맥락을 살피는 과정에서 엉뚱하게도 언어학자로서 필자가 해야 할 일을 발견하게 되었다. 미디어 환경이 사람들을 피부에 주목하게 함으로써 피부 민감도를 높인 것처럼, 사람들을 언어에 주목하게 함으로써 언어 민감도를 높이게 하면 어떨까 하는 생각이 든 것이다. 즉, 사람들이 피부에 민감한 것처럼 언어에 민감하게 만들 수 있는 방법은 없을까 고민을 하게 된 것이다.

● 언어 감수성 향상 프로젝트

사람들의 언어 민감도, 즉 언어 감수성을 높이기 위해서는 먼저 내 자신의 언어 감수성을 높이는 일이 필요했다. 그리고 높아진 언어 감수성을 통해 발견하고 성찰하게 된 이야기들을 많은 사람과 나누는 일을 해야겠다고 생각하게 되었다. 이런 생각을 하면서 평소에 '언어 감수성'이라는 표현을 자주 사용하게 되었다.

이렇게 시작된 언어 감수성 향상 프로젝트는 지난 20년 동안 필자와 함께 조금씩 성장했다. 그리고 그 예민함에 이유가 있다는 것을 알리기 위해 언어에 숨은 이데올로기를 파헤치는 작업을 취미처럼 놀이처럼 발굴해서 주변의 지인들과 나누게 되었다. 지인들의 흥미롭다는 반응은 새로운 이야깃거리를 또 찾아보게 하는 동력이 되었다.

그런데 어느 날 문득 언어 감수성 향상 프로젝트가 지인의 반경에만 머물고 있다는 것을 깨닫게 되었다. 그리고 그 원인이 내 자신에 있다는 것을 아프게 확인하게 되었다. 세상에 퍼져야 한다고는 생각하면서 막상 퍼지게 하기 위해 필요한 일들은 다양한 평계를 대면서 하지 않고 있었던 것이다.

사실, 지인의 반경을 넘어 다양한 배경을 가진 사람들과의 접점을 만들어 가기 위해서는 정말 큰 용기가 필요했다. 익숙하게 잘하는 일을 살짝 벗어나서 한 번도 하지 않았던 일을 새로 시작해야 했기 때문이다. 해 보지 않은 일을 처음부터 내 마음에 들게 잘할 수는 없을 테니 하고 싶지 않았던 것이다. 잘하는 일만 하면 잘하는 나만 만나며 살면 되는데 굳이 못할지도 모르는 일을 새로 시작해서 못하는 나를 만나고 싶지는 않았던 것이다.

● 지인의 반경을 넘어

결국, 온갖 핑계를 댔지만 사실은 못하는 나를 만나고 싶지 않아서였다는 것이 핵심이었음을 깨닫고 많이 아팠다. 학생들에게는 늘 도전하라고 해 놓고는 정작 내 자신은 도전을 하려 하지 않았던 것이었으니까. 대중 강연을 하고 대중서를 쓰고 방송을 통해 더 많은 사람을 만나야만 사람들의 언어 감수성을 높이는 데 기여할 수 있다는 것을 모르지는 않았지만, 막상 내게 익숙한 환경을 벗어나 새로운 도전을 하는 것을 두려워하고 있었던 것이다. 학교 밖은 위험하니까.

2018년에 출간한 《언어의 줄다리기》는 그런 점에서 새로운 도전의 시작이었다. 책을 낸 후에 인터뷰도 마다하지 않았고 이전에는 온갖 핑계를 대며 나가지 않았던 방송에도 나가기 시작했다. 그렇게 도전해 가면서 조금은 못하는 나를 만나는 일에도 관대해졌고 '어떻게 처음부터 잘하겠어, 하다 보면 잘하게 되겠지' 하고 생각할 수 있게 되었다.

그렇게 새로운 시도를 통해 새로운 생각이 쌓이게 되었고 쌓인 생각들을 더 많은 사람이 더 편안하고 지루하지 않게 읽을 수 있도록 책을 써 봐야겠다고 생각하게 되었다. 특히 일상에서 매일매일 만나게 되는 우리 주변의 언어 문제에 대해 생각해 볼 수 있는 책을 써 보기로 했다. 이렇게 이 책은 세상을 향하게 되었다.

● 언어, 상대를 향하는 일

이 책을 관통하는 핵심어는 '언어 감수성'이다. 언어 감수성이란 언어에 대한 민감도를 의미한다. 그런데 왜 우리는 언어 감수성을 높여야 할까?

말이든 글이든 언어는 상대를 전제한 행위다. 우리가 말을 하고 글을 쓰는 이유는 상대에게 들리고 읽히기 위해서다. 결국, 언어는 나를 향하는 일이 아니라 상대를 향하는 일이다. 그러니 상대의 감수성에서 어떻게 들리고 읽히는지를 점검할 필요가 있다.

그런데 말하는 사람과 듣는 사람의 민감도는 서로 상상할 수 없을 정도로 그 격차가 크다. 특히 서로에게 민감한 부분에 있어서는 더욱 그렇다. 그래서 필자는 늘 이렇게 생각한다. 세상에 가장 멀리 떨어진 두 사람이 있다면 그것은 말하는 사람과 듣는 사람일 거라고 말이다.

이렇게 멀리 떨어져 있는 두 사람을 이어주는 것이 바로 언어 감수성이다. 말을 할 때, 글을 쓸 때 우리는 듣는 사람 혹은 읽는 사람의 감수성을 고려해야 한다. 그래야 잘 들리고 잘 읽힐 수 있다. 그리고 내가 전하고자 하는 진심이 전달될 수 있다. 역지사지의 원리라고도 할 수 있는데 이 역지사지란 것이 얼마나 어려운지 우리는 경험적으로 너무나도 잘 안다. 역지사지를 위해서는 인간에 대한 이해는 물론 사회에 대한 이해, 문화에 대한 이해, 그리고 상대에 대한 이해가 필요하기 때문이다.

언어 감수성을 갖추는 일도 그렇다. '왜 내 말을 오해하고 난리야!'가 아니라 '왜 내 말이 그렇게 이해됐을까?'를 곰곰이 따져볼 수 있는 능력이 필요하다. 그런 능력을 갖추기 위해서는 차근차근 맥락을 짚어보면서 생각을 확장해 나갈 수 있는 훈련이 필요하다.

이 책을 통해 필자는 언어 감수성을 높이는 방법을 독자들과 공유해 보고 싶었다. 문제가 된 표현의 배경을 살피고 천착하는 과정을 함께 공유하면서 독자들도 스스로 그러한 방법으로 일상의 언어 감수성을 갖출 수 있기를 바라면서 말이다.

● 언어 감수성을 높이기 위한 첫걸음

이 책의 첫 번째 장은 한국어의 높임법과 우리 사회에 팽배한 연령 권력, 그리고 이를 통한 차별의 문제를 이야기해 보았다. 너무나 일상적인 차별이라 차별인 줄도 모르고 이루어지는 우리 일상에 숨은 연령 차별의 문제, 그리고 그 이면에 숨은 언어 문제에 감수성을 가져보는 것으로 책을 출발하고 싶었다.

두 번째 장은 '화장' 관련 표현에 담긴 우리 사회의 문제를 다루어 보았다. '민낯이 드러난다'는 표현이 어느 날 갑자기 불편해지면서 생각하게 된 '민낯'과 '화장'에 대한 우리 사회의 이중적 태도에 대한 생각을 담아 보았다.

세 번째 장은 일상에서 사용되고 있는 이상한 한국어, 그리고 그런 한국어를 만들게 된 우리의 자화상을 그려본 장이다. '아메리카노'가 '나오시'는 나라에서 문법적으로 틀린 줄을 알면서도 그 말을 사용할 수밖에 없는 현실을 통해 혹시 '일상의 갑질' 문제가 언어에 드러난 것은 아닌지 함께 생각해 볼 수 있는 기회가 되었으면 했다.

네 번째 장부터 여섯 번째 장은 우리 사회의 특징 중 하나인 호칭의 문제를 다루어 보았다. 네 번째 장은 '여사'라는 단어의 변모 과정을 통해 우리 사회가 그간 여성을 어떻게 지칭 혹은 호칭하였는지의 문제에 대해 생각해 보았고, 다섯 번째 장은 왜 우리 사회에 이러한 호칭의 문제가 대두될 수밖에 없는지를 한국어의 특징과 연결하여 살펴보았고, 여섯 번째 장은 가족 호칭에 숨은 불편한 진실을 파헤침으로써 행복하고 평등한 가족 문화를 위해 생각해 볼 문제를 던져 보았다.

일곱 번째 장에서는 '외국인'이라는 단어가 담고 있는 고정관념을 확인함으로써 다양한 배경을 가진 사람들이 함께 살아갈 대한민국의 미래를 생각해 보았다. 우리가 바라는 대한민국을 현실화시키고 그 현실화된 대한민국의 준비된 주인이 되기 위해서 점검해야 할 것 중의 하나가 바로 '언어'라는 것을 이야기하고 싶었다.

여덟 번째 장은 '후보자'였던 사람을 '유권자'가 뽑아서 '당선자'로 만들어 놓았더니 '당선자'로 불리기 싫다며 '당선인'으로 불러 달라는, 정말 이상한 정치권의 요구에 대한 언론의 대응을 살펴보았다. 이 이상한 요구가 언론에 '적극적'으로 수용되는 과정을 톺아봄으로써 언론이 과연 권력을 견제하는 기능을 잘 수행하고 있는지 의문을 제기해 본 장이다.

아홉 번째 장은 2020년 초부터 우리의 일상을 뒤흔든 코로나19의 상황 속에서 관찰된 언어 문제에 대해 살핀 장이다. 언어가 얼마나 정치적인 것인지를 극명하게 보여주었던 감염병의 이름을 놓고 벌인 여야의 치열하지만 허무한 줄다리기 경기부터 감염병의 상황에서 발견된 언어 권력의 문제에 대해 생각해 보았다.

마지막 열 번째 장에서는 언어에 대한 우리의 태도에 대해 생각해 보았다. 새말에 대해 우리가 가진 일반적인 두 가지 반응과 그 반응이 어떠한 배경에서 만들어지는지에 대한 문제를 꼼꼼히 따져 봄으로써 언어를 바라보는 우리의 자세를 점검해 보는 성찰의 시간을 가져 보기를 바랐다.

　조금은 엉뚱한 계기로 출발했지만 언어 감수성 향상 프로젝트는 필자를 성장하게 했고 성장을 위해 필요한 새로운 도전을 이어갈 수 있게 해 주었다. 부디 이 책이 독자들에게도 그러한 계기가 되어 주기를, 그래서 언어에 대한 우리 사회의 민감도가 높아지고 언어 감수성에 대해 더 많은 사람이 고민할 수 있는 계기가 되어 주기를 희망한다.

　그리고 이 책을 본격적으로 시작하기에 앞서, 필자가 용기를 잃지 않고 오늘까지 언어 감수성 향상 프로젝트를 이어올 수 있었던 것이 전적으로 그 길 위에서 만난 많은 분들의 애정 어린 격려와 응원 덕분이었음을 고백하고 싶다. 앞으로 이 책을 통해 만나게 될 독자들과의 인연을 기대하며 그들과 함께 만들어 갈 우리 사회의 새로운 미래를 꿈꿔 본다.

왜 반말하세요?

나이가 권력인 우리

"

"실례지만 나이가 어떻게 되세요?"

우리는 처음 만나는 사람과 서로 나이를 묻고
말하는 데 주저하지 않는다.
이름만큼이나 상대의 나이를 확인하려고 한다.
왜 우리는 사람을 만날 때 나이부터 궁금해할까?

우리는 자신보다 나이가 어린 사람에게는
반말을 하고 존댓말을 기대한다.
자신보다 나이가 많은 사람에게는
존댓말을 하고 반말을 들어도 당연하다고 여긴다.

말의 위계로 드러나는 권력의 위계,
연령으로 결정되는 관계의 위계.

평등의 가치를 추구하는 대한민국에서
불평등한 관계를 전제하는 말들이
너무나 당연한 듯이 쓰이고 있는 건 아닐까?

"

● 작가는 당연히 어른일까?

관찰자의 시점이 되면 평소에 보이지 않던 것들이 보인다. 텔레비전을 보다가 문득 새로운 깨달음을 얻게 되는 이유는 바로 텔레비전을 보면서 익숙한 것들에 대해 관찰자 시점이 될 수 있기 때문인 것 같다.

MBC에서 방송된 예능 프로그램 〈같이 펀딩〉의 2019년 10월 20일 방송이 내게 그런 깨달음을 주었다. 〈같이 펀딩〉은 가치 있는 아이디어를 시청자의 펀딩을 통해 같이 만들어 가는 프로그램이다. 그날 방송분은 '바다 같이'라는 부제를 달고 있었다. 해양 쓰레기를 줄이기 위해 일회용품을 제한하자는 취지로 비닐봉투를 대신할 에코백을 만드는 것이 아이디어였다.

펀딩의 취지를 잘 살릴 수 있는 그림을 에코백에 담기 위해 세 명의 연예인 진행자들은 작가를 만나러 제주도의 한 갤러리로 향한다. 갤러리에 도착한 진행자들은 작가를 기다리는 동안 작가의 작품을 감상하며 펀딩의 취지를 잘 살릴 수 있는 작품을 기대한다. 그때 그 갤러리로 어른 한 명과 아이 한 명이 들어온다. 갤러리 직원은 진행자들에게 작가님이 오신다고 알린다.

진행자들은 자연스럽게 어른에게 다가가 '작가님'이라고 부르며 인사를 한다. 그러자 그 어른은 자신은 작가가 아니라고 하면서 아이를 가리킨다. 진행자들은 모두 당황스러워했고 어린 작가에게 못 믿겠다는 듯이 전이수 작가가 맞냐고 확인한다. 작가는 그렇다고 고개를 끄덕인다. 진행자들은 상상도 못했다면서 전이수 작가에게 처음 뵙겠다며 악수를 청한다.

● **아이는 어른에게 반말을 하면 안 될까?**

그때 작가의 동생이 갑자기 나타나 반말로 "안녕?" 하며 인사를 건넨다. 어른들은 동생의 반말을 듣고 약간 당황스러워했지만 애써 무시하며 전이수 작가에게 나이를 묻는다. "실례지만 나이를 물어봐도 되나요?" 진행자의 존댓말에 전이수 작가는 "열두 살"이라고 반말로 답한다.

전이수 작가와 동생이 모두 반말을 하자 진행자는 "말을 되게 편하게 하네"라며 당황스러워한다. 이어서 "우리도 편하게 해도 될까"라고 말하며 자연스럽게 말을 놓기 시작한다. 지금까지 꼬박꼬박 존댓말을 쓴 것이 억울하기라도 한 듯이 말이다. 그리고 이번에는 전이수 작가의 동생에게 이름과 나이를 묻는다.

　진행자들이 전이수 작가를 만나는 장면을 보면서 필자는 갑자기 많은 질문이 떠올랐다. 왜 작가는 어른이어야 할까? 왜 아이는 어른에게 존댓말을 써야 할까? 왜 아이들이 어른에게 먼저 반말을 하면 안 될까? 왜 어른들은 아이를 만나면 꼭 나이를 묻는 걸까?

　하지만 시청자들의 더 일반적인 반응은 질문보다는 질타였다. 방송이 나간 후 시청자들은 댓글을 통해 아이들이 예의 없이 어른들에게 반말을 했다고 꾸짖었다. 또 전이수 작가와 동생의 말하는 태도를 나무라기도 했다. 아이들이 어른들에게 조언을 하거나 가르치는 태도를 취하는 등 버릇이 영 없다고 말이다. 심지어 아이들 교육을 어떻게 시켰냐며 부모를 꾸짖기까지 했다.

　방송에 나온 것처럼 우리나라 어른들은 아이를 처음 만나면 거의 대부분 나이를 묻는 것으로 대화를 시작한다. 이름을 묻기도 전에 몇 살인지부터 묻는 것이 그리 낯설지 않다. 그리고 아이를 만나면 거의 대부분 다짜고짜 반말을 사용한다. 그런데 만약 아이가 어른을 처음 만나서 몇 살인지부터 묻는다면, 그리고 초면의 어른에게 바로 반말을 한다면, 어른들은 몹시 당황하고 불쾌해할 것이다.

왜 초면에 다짜고짜 아이들의 나이를 묻고 반말을 하는 어른은 무례하다고 여기지 않으면서 초면에 어른에게 나이를 묻고 반말을 하는 아이들은 버릇없고 무례하다고 생각하는 것일까?

● 나이가 궁금한 우리

한국 문화에 익숙하지 않은 사람들이 한국에 와서 겪게 되는 가장 이상하고 불편한 일은 초면에 나이를 묻는 일이라고 한다. 한국 사람들은 왜 처음 만나서 나이를 자꾸 묻는지 모르겠다고, 정말 이상하고 무례하다고 불평을 쏟아낸다.

나이를 묻는 것이 얼마나 일상적인지 알아보는 방법 중 하나는 아이들이 서로 처음 만나는 장면을 관찰하는 것이다. 두 아이가 처음 만나면 둘은 서로 인사를 한다. 그리고 자신의 이름을 말하고 자신이 몇 살인지를 말한다. 만약 상대가 나이를 말해 주지 않으면 아주 자연스럽게 몇 살이냐고 묻는다. 그럼 이 말을 들은 아이는 아주 순순히 자연스럽게 나이를 말한다.

이렇게 아이 때부터 우리는 서로의 나이를 묻고 말하는 데 주저하지 않는다. 처음 만나서 이름만큼이나 중요하게 생각하는 것이 나이라는 것을 확인할 수 있다.

그런데 잘 관찰해 보면 처음 만난 모든 사람들이 서로의 나이를 궁금해하는 것 같지는 않다. 사람들은 만나서 어떤 사람에게는 나이를 묻지만 어떤 사람에게는 나이를 묻지 않는다. 또, 나이를 묻는 것이 무조건 괜찮은 것도 아니다.

아이들이 자기 또래의 친구들을 처음 만났을 때 "몇 살이야?" 혹은 "몇 학년이야?" 하고 묻는 것은 아주 자연스럽다. 어른들의 경우도 마찬가지다. 비슷한 또래의 사람들이 처음 만난 경우에는 서로가 서로의 나이를 탐색한다. 어른이 되면 조금 세련돼져서 직접 몇 살이냐고 묻기보다는 돌려서 묻는 경향이 있기는 하다. 무슨 띠인지 묻는다든지, 몇 학번이냐고 묻는다든지, 2002년 월드컵 때 뭘 했냐고 묻는 등 나이를 추정할 수 있는 질문을 던져서 그 답에서 나이를 추정한다.

● **권력관계가 드러나는 질문, "몇 살이세요?"**

이처럼 일견 초면인 관계에서 나이를 묻는 것이 한국어 사용자들에게 매우 익숙하고 허용적인 것처럼 보인다. 하지만 잘 관찰해 보면 초면에 나이를 묻는 행위가 무조건 허용되는 것은 아니다. 또, 나이를 묻는 상대의 질문이 모든 상황에서 유쾌한 것도 아니다. 나이를 묻는 상대의 질문이 몹시 불쾌했던 경험을 누구나 한 번쯤은 다 가지고 있을 것이다.

사실 누가 누구에게 나이를 묻는가, 아니 더 정확히 말해서 누가 누구에게 나이를 물을 수 있는가를 확인해 보면 우리 사회의 권력관계가 그대로 드러난다. 아울러 우리 사회에서 나이가 얼마나 큰 권력으로 작용하고 있는가도 확인할 수 있다.

대체로 권력이 큰 쪽이 권력이 작은 쪽에게 나이를 묻는 것은 허용되지만, 권력이 작은 쪽이 권력이 큰 쪽에게 나이를 묻는 것은 허용되지 않는다. 허용되지 않는 쪽에서 나이를 물으면 무례한 언행으로 평가된다. 그래서 우리는 누군가 자신에게 나이를 묻는 것이 어떨 때는 괜찮고 어떨 때는 불쾌하게 느껴지는 것이다.

나이를 묻는 것이 허용되지 않는 쪽이 나이를 묻기 위해서는 뭔가 뚜렷한 목적이 있거나 나이를 통해 상대를 칭찬하려는 의도가 있어야만 무례하다는 소리를 듣지 않는다. "와~ 동안이시네요" 혹은 "연세보다 아주 젊어 보이세요", "그 연세에 정말 대단하세요!"가 가장 대표적이다.

연세가 높은 어르신을 처음 만난 한 중년이 "안녕하세요, 어르신. 어르신, 연세가 어떻게 되세요?"라고 나이를 묻는 것이 그리 낯설지 않다. 이 중년의 행동이 무례하다고 생각되지 않는 이유도 같은 선상에서 이해될 수 있다. 그 물음이 연세가 높은 어르신의 건강과 장수에 대한 부러움을 표현하는 인사로 해석되기 때문이다.

결국, 우리 사회에서 나이를 묻는 것은 나이를 묻는 것 이상의 의미를 지닌다는 것을 알 수 있다.

● **나이를 묻는 진짜 이유**

나이를 묻는 시점도 흥미롭다. 어른들은 아이들에게 만나자마자 다짜고짜 이유도 말해 주지 않고 나이를 묻는다. 또 앞서 얘기했듯이 중년 정도 되는 사람들은 연세가 아주 높아 보이는 어르신들을 만나면 역시 다짜고짜 나이를 묻는 경향이 있다. 이 경우는 대체로 상대에게 크게 불쾌감을 유발하는 것 같지 않다.

눈여겨 봐야 할 것은 성인들 상호 간에 나이를 묻는 시점이다. 비슷한 또래의 사람들은 서로를 탐색하는 과정에서 서로 나이를 묻는다. 특히 사적인 관계를 맺어가는 시점에 나이를 묻는 것은 일종의 절차처럼 보인다. 그것을 서로 알기에 이 경우 나이를 묻는 것이 크게 불쾌감을 유발하지 않는 듯하다.

나이를 묻는 질문이 가장 불쾌하게 느껴지는 때는 맥락 없이 갑자기 나이를 묻는 경우다. 이 경우는 대체로 나이가 많은 쪽이 나이가 어린 쪽에게 자신이 권력자임을 확인시키고자 하는 목적으로 질문을 던지기 때문이다. 그래서 이 질문은 '너와 나의 나이 차이를 자각하라', '내가 권력자인데 왜 내 권력에 도전하느냐!', '잔말 말고 복종하라'라는 메시지를 담고 있다.

연령 권력만으로 상대를 찍어 누르고자 하는 "당신 몇 살이야?"가 유효한 표현으로 기능하는 것을 통해 우리 사회에 연령 권력이 굳건히 존재한다는 것을 확인할 수 있다. 심지어 국회 상임위원회에서 동료 의원에게 "당신 몇 살이야?"라는 발언을 하는 국회의원이 있다는 것이 놀랍고 충격적이기는 하지만 이는 역설적으로 우리 사회에 존재하는 연령 권력이 얼마나 강력한지를 드러내 준다.

● **나이가 권력이 되는 사회, 그 사회를 만든 언어**

이처럼 한국 사회는 나이가 큰 권력으로 작용하는 사회다. 나이가 권력이니 상대의 나이가 궁금해질 수밖에 없다. 그리고 나이에 민감할 수밖에 없다. 그렇다면 왜 우리는 이토록 나이가 권력이 되는 사회를 만들게 되었을까?

나이가 권력이 되는 사회를 만든 이면에는 사실 한국어가 숨어 있다. 한국어는 나이에 의해 무조건적으로 주어지는 비대칭적인 권력관계를 설정하고 이를 '높임법'이라는 문법을 통해 드러낸다. 한국어 높임법에서 존댓말과 반말을 결정하는 데 가장 중요한 기준으로 작용하는 것은 나이다. 나이가 적은 사람은 나이가 많은 사람에게 존댓말을 하고 반말을 듣는다. 반면에 나이가 많은 사람은 나이가 적은 사람에게 반말을 하고 존댓말을 듣는다.

이렇게 한국어에는 비대칭적인 언어 권력이 존재하며 한국어 사용자들은 한국어를 학습하는 과정에서 이를 당연시하고 자연스럽게 생각한다. 그리고 매일매일의 언어 사용을 통해 연령에 의한 권력관계를 일상적인 것으로 받아들이게 된다.

그 결과 문제의식을 가지고 매 순간 자각하지 않는다면 한국어 사용자들은 누구나 쉽게 연령 권력을 자연스러운 것으로 인정하게 됨으로써 소위 '선량한' 연령 차별주의자가 될 수밖에 없다.

한국어 사용자들에게 있어서 연령 차별은 언어를 통해 학습되고 언어 사용으로 강화되며 일상화되는 특징을 갖는다. 일상화된 차별은 차별에 대한 감수성을 무디게 만들어서 차별을 당연한 것으로 받아들이게 한다. 그래서 연령 차별은 한국어 사용자들에게 가장 무서운 차별이다. 게다가 시간이 지날수록 누구나 더 큰 기득권을 갖게 된다는 점에서 연령 차별은 사라지기가 정말 어려운 차별이다.

그래서 더욱 주목해야 하는 차별이기도 하다.

● '선량한' 연령 차별주의자를 만드는 높임법

한국어 사용자들을 소위 '선량한' 연령 차별주의자로 만드
는 데 가장 크게 기여하는 것은 바로 한국어에 발달되어 있는
'높임법'이다. 한국어 높임법은 언어의 서열을 통해 사람의 서
열을 가르치고 고정하는 역할을 한다. 그리고 적절한 말을 하
기 위해 필요한 말의 서열을 결정짓는 요소에 민감하게 반응하
게 한다.

나이에 민감한 것도, 나이의 많고 적음을 사람의 서열로 생
각하는 것도, 나이를 불가침의 권력이라고 생각하는 태도도,
그래서 연령 차별이 우리에게 일상화되어 있는 것도 사실 그
중심에 한국어의 '높임법'이 존재했던 것이다.

한국어 사용자라면 한국어 사용 공동체가 따르는 약속, 즉
문법에 맞게 말을 해야 한다. 그런데 문법에 맞게 말을 하려면
문장에 등장하는 인물 혹은 말하는 상대자와 나와의 관계를
잘 따져서 높임법을 적절히 구사해야만 한다. 높임법을 지키지
않고 말을 한다면 그것은 올바른 문법을 따르지 않는 것이어서
올바른 한국어가 될 수 없다.

초면에 아이가 어른에게 반말을 쓴 것이 문제가 된 이유는
한국어의 문법, 즉 한국어 사용 공동체가 세운 약속을 지키지
않았기 때문이다. 현재의 문법에 의하면 나이 요인이 가장 중요

한 높임법 선택의 기준이라서 아이는 어른에게 반말을 하면 안 된다.

● 바뀌어 온 언어, 바꾸어 갈 언어

하지만 한국어 문법은 한국어 사용자들에 의해 얼마든지 바뀔 수 있다. 그리고 실제로 한국어 사용자들의 합의에 의해 그간 바뀌어 왔다. 언어는 금과옥조도, 불가침의 성역도 아니다. 사회적 약속일 뿐이다. 사용자들의 합의에 의해 바뀔 수 있는 것이 언어고, 사용자들의 합의가 없으면 절대로 바뀌지 않는 것이 또 언어다. 따라서 한국어 사용자들이 어떤 약속을 어떻게 바꾸어 왔는지를 통해 한국어 사용자들의 변화한 생각을 읽을 수 있다.

예를 들어 신분제를 세계관으로 가지고 있던 시절, 신분은 높임법을 결정하는 가장 중요한 요소였다. 신분이 높은 사람은 신분이 낮은 사람에게 반말을 써야 했고, 신분이 낮은 사람은 신분이 높은 사람에게 존댓말을 써야 했다. 이때 나이는 중요하지 않았다. 아무리 나이가 많아도 상대보다 신분이 낮으면 나이와 무관하게 무조건 존댓말을 썼다. 또, 아무리 나이가 어려도 상대보다 신분이 높으면 나이와 무관하게 무조건 반말을 썼다. 그것이 그 당시 한국어 문법이었다.

하지만 신분제가 없어진 후 한국어 사용자들은 그 문법을 지속적으로 바꾸어 갔다. 한국어 사용자들의 세계관이 바뀌었기 때문이다. 물론, 그 변화는 하루아침에 이루어지지는 않았다. 신분제가 없어진 후에도 꽤 오랜 시간 동안 신분제의 그늘이 존재했기 때문이다.

우리는 그 사실을 오래된 신문 기사나 당시의 문학 작품들을 통해 쉽게 확인할 수 있다. 반상의 구분이 없어졌음에도 불구하고 이전 양반 신분을 가졌던 사람들은 상대의 나이에 무관하게 존댓말을 들어야 한다고 생각했다. 그리고 상대로부터 자신이 기대한 존댓말을 듣지 못하면 화를 내기도 하고, 상대의 무례를 꾸짖었으며, 심지어 무력을 사용하기도 했다는 사실을 쉽게 확인할 수 있다.

신분제가 폐지된 갑오개혁으로부터 127년이 지난 오늘의 세계관에서 생각해 보면 타고난 신분에 따라 말의 높임과 낮춤이 존재했다는 것, 그것이 당시의 문법이었다는 것이 그저 생경할 뿐이다.

• 말로 각인되는 사람의 서열

이제 한국어 높임법에 신분의 차별은 없어졌다. 하지만 이를 대신하는 연령의 차별은 건재하다. 연령이 높은 사람은 연령이 낮은 사람에게 높임말인 존댓말을 들을 것을 기대하고 이를 당연시한다. 그리고 상대에게 낮춤말인 반말을 사용할 수 있다고 생각하며 하대한다. 반대로 연령이 낮은 사람은 연령이 높은 사람에게 반말을 듣지만 자신은 존댓말을 써야 한다고 생각하고 이를 당연시한다. 그리고 상대에게 존댓말을 쓰며 상대를 존대한다. 아울러 상대로부터 공손성을 극도로 요구당한다. 만약 존대를 하지 않거나 요구하는 만큼의 공손성을 충분히 드러내지 않으면 그 말을 듣고 있는 '윗사람'은 불쾌해하면서 상대의 무례를 꾸짖고 노여워한다.

한국어의 높임법이 초래하는, 이처럼 공고한 연령 차별적인 생각은 언어에 의해 학습되는 것이어서 너무나 익숙하고 일상적이다. 그래서 문제의식을 갖기가 매우 어렵다. 존댓말과 반말의 위계는 존댓말을 사용해야만 하는 사람과 반말을 사용할 수 있는 사람 사이에 불평등한 권력관계를 설정하게 한다. 당연히 차별로 귀결될 수밖에 없다.

한국어 연구자들은 흔히 높임법이 발달되어 있는 것이 한국어의 특징이라고 말한다. 그리고 높임법의 순기능으로 상대를 존중하는 태도와 예의 바른 태도를 드러낼 수 있다는 점을 든다. 하지만 이는 높임법 중 '높임'에 방점을 찍은 해석이다. 사실은 한국어 높임법은 높임을 표현하는 기능을 하기도 하지만, 낮춤을 표현하는 기능을 하기도 하기 때문이다.

● 사람 위에 사람 있고 사람 밑에 사람 있다?

이러한 차별적인 사고는 높임법에 대해 설명하는 과정에서도 그대로 드러난다. 높임법의 설명 과정에서 우리는 '아랫사람·윗사람', '높은 사람·낮은 사람' 혹은 '손아랫사람·손윗사람'이라는 표현을 자연스럽게 사용한다. 상대 높임법의 경우도 화자와 청자의 관계를 따져서 아랫사람 혹은 낮은 사람은 윗사람 혹은 높은 사람에게 존댓말을, 윗사람 혹은 높은 사람은 아랫사람 혹은 낮은 사람에게 반말을 사용한다고 설명한다. 사실 필자도 한국어의 높임법을 설명하면서 '아랫사람·윗사람', '높은 사람·낮은 사람'이라는 표현을 사용한다.

결국, 한국어 사용자들은 한국어를 배우는 과정에서 나이가 많은 사람은 윗사람·높은 사람·손윗사람이고, 나이가 적은 사람은 아랫사람·낮은 사람·손아랫사람이라는 생각을 배우게 되고, 매일매일의 언어 사용을 통해 그런 생각을 강화하게 된다. 그 결과 한국어 사용자들은 '나이'에 대해 다른 언어 사용자들과는 다른 매우 특별한 감각을 지니게 된다. 그리고 그렇게 자신이 의식하지 못하는 사이에 연령 차별주의자가 되어 버린다.

하지만 우리는 사람 위에 사람 없고 사람 밑에 사람 없다는, '평등'의 가치를 대한민국이 추구하는 가치로 배우고 가르쳐 왔다. 그리고 이 가치는 우리 후세에게 물려주어야 할 가치라고 생각하는 데 이견을 두지 않는다. 그런데 한국어 사용자들은 매일매일의 언어 사용을 통해 사람 위에 사람 있고, 사람 밑에 사람 있다는 생각을 지속적으로 확인하게 된다. 지금의 한국어는 이처럼 한국어 사용자들이 추구하는 이념을 담지 못하고 우리를 의식도 하지 못하는 사이에 연령 차별주의자로 만들어 버린다.

언어는 생각을 담는 도구다. 그런데 그 도구가 생각을 담지 못하고 있는 것이다. 언어가 우리의 생각을 담지 못한다면 언어를 바꾸어야 할까, 우리의 생각을 바꾸어야 할까?

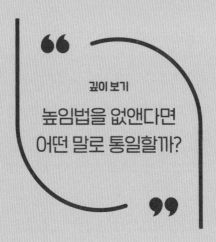

높임법을 없앤다면 어떤 말로 통일할까?

한국어 사용자들이 높임법으로 인해 자연스럽게 연령 차별주의자가 된다는 점을 자각하게 된 후에 필자의 다음 생각은 높임법을 없앤다면 어떤 말을 없애고 어떤 말로 통일하는 게 좋을까 하는 것으로 이어졌다.

틈이 날 때마다 사람들에게 의견을 구했다. 의견을 구한 사람들은 다양한 연령과 배경을 가진 사람들이었다. 그런데 흥미로운 점을 발견할 수 있었다. 대체로 연령에 따라 의견이 나뉘었기 때문이다. 대체로 연령이 낮은 사람들은 반말로 통일하는 것이 더 좋을 것 같다는 의견을 주었고, 연령이 높은 사람은 존댓말로 통일하는 것이 더 나을 것 같다는 의견을 주었다.

또, 어느 쪽이 나은가도 중요하지만 어느 쪽이 현실성이 있는가도 생각해 봐야 한다는 의견도 많았다. 나이가 많은 사람들이 나이가 어린 사람들에게 반말을 듣는 것이 불편해서 저항이 심할 테니 반말로의 통일보다는 존댓말로의 통일이 더 현실성이 있다는 지적이었다.

지금으로부터 꼭 100년 전인 1921년 박승빈이라는 국어학자는 계명구락부에서 간행한 잡지 〈계명〉에 논문 한 편을 발표한다. 그 논문에는 보통학교에서 아동 상호간에 존댓말을 쓰게 하고 교사를 비롯한 학교 구성원 모두가 아동에게 존댓말을 쓰자는 제안이 담겨 있다.

박승빈은 이 논문을 바탕으로 당시 교육을 담당하던 조선총독부 학무국과 보통학교 교장들에게 '학생 상호간의 언어에 경어를 사용하게 할 일'이라는 제목의 건의서를 제출한다. 또한 대중 강연을 통해 아동 경어 문제의 중요성을 알렸고 교육 담당자인 보통학교 교장, 유치원 원장은 물론 당국자와 신문 및 잡지사의 기자들을 초청하여 아동 경어 문제의 취지를 설명하고 언론을 통해 알리는 등 적극적으로 언어 개혁 운동을 추진한다.

박승빈의 이러한 생각은 김기전, 방정환을 통해 천도교 어린이 운동에 적극 수용된다. 천도교 소년회는 회원 상호간에 경어를 사용하자는 원칙을 세워서 실천했고, 방정환은 어린이날을 알리는 전단지에 '어린 사람에게 경어를 쓰시되 늘 부드럽게 하여 주십시오'라는 문구를 넣게 된다.

한편, 반말로의 통일을 이야기하는 사람들은 반말이라는 말부터 수정할 것을 주장한다. 반말이 아니라 '평어'라고 해야 한다는 것이다. 평어가 훨씬 평상시 말에 가깝기 때문에 어려운 존댓말로 통일하는 것보다는 평상시에 사용하는 말인 평어로 통일하는 것이 훨씬 부담이 적다는 논리다.

사실 두 말 중 하나로 통일된다면 존댓말의 '존대' 기능도, 반말의 '하대' 기능도 다 없어질 것이다. 그러니 어떤 말로 통일된다고 해도 궁극적으로는 문제가 되지 않는다. 하지만 통일 과정에서의 효과와 비용은 다를 수 있다.

여러분의 의견은 어떤가? 하나로 통일해 간다면 존댓말이 좋을까 반말이 좋을까?

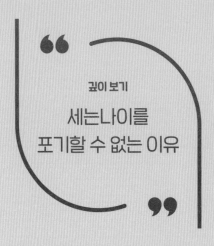

세는나이를
포기할 수 없는 이유

한국어로 적절한 말하기를 하기 위해서는 상대의 나이를 아는 것이 매우 중요하고 절박하다. 그런데 만약 상대의 나이가 수시로 바뀐다면 어떻게 될까? 아마 상대와 말을 적절히 하기가 매우 어려울 것이다.

만 나이는 각자의 생일을 기준으로 나이를 먹는다. 같은 날 모든 사람이 동시에 나이를 먹는 게 아니라 사람마다 각자 자신의 생일에 나이를 먹게 된다. 따라서 같은 해에 태어났지만 생일이 다른 두 사람은, 어떤 날은 나이가 같고 또 어떤 날은 나이가 다를 수 있다. 서로의 생일을 기억하지 못한다면 그 둘은 다시 만난 상대에게 존댓말을 해야 할지 반말을 해야 할지 매우 혼란스러울 것이다.

세는나이는 다르다. 모든 사람이 나이를 먹는 기준일이 같아서 상대와 나의 나이 차이가 절대로 변하지 않는다. 내가 나이를 먹는 만큼 똑같이 비례해서 상대도 나이를 먹는다. 나만 나이를 먹거나 상대만 나이를 먹는 일은 없다.

이렇게 세는나이는 적절한 말하기를 위해 나이 정보가 절실히 필요한 한국어 사용자들에게 매우 필요한 나이 세는 방법이다. 세는나이로 센 나이는 상대와의 나이 차이를 절대로 극복할 수 없는 차이로 만들기 때문이다.

필자는 일곱 살 때 그런 경험을 했다. 옆집에 한 살 많은 오빠가 있었는데, 그 오빠는 늘 한 살이 많다고 나를 아기 취급했다. 오빠처럼 빨리 여덟 살이 되고 싶었던 나는 새해를 기다렸다. 그럼 오빠랑 같은 나이가 되니까 우리는 동갑이 될 거라고 생각했던 것이다. 드디어 새해 첫날이 되었고 나는 바로 옆집에 가서 오빠를 불렀다. 그리고 이제 여덟 살이 되었다고 자랑스럽게 말했다. 오빠는 한가득 미소를 지으며 여유 있게 말했다. "나는 아홉 살 됐는데!" 나는 그날 깨달았다. 나이의 벽은 절대 넘을 수가 없구나!

결국 한국어의 높임법은 한국어 사용자들이 세는나이를 절대로 포기할 수 없는 이유, 그래서 세계에서 유일하게 세는나이를 유지하고 있는 이유를 설명한다.

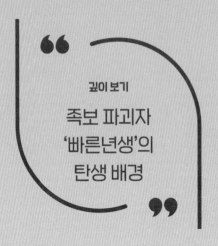

빠른년생이라는 표현이 만들어진 것 또한 전적으로 한국어 문법 때문이다. 학교에 들어가기 전까지 말의 선택 기준은 상대의 나이다. 하지만 초등학교에 들어가서 고등학교를 졸업할 때까지 말의 선택 기준은 나이가 아니라 학년이다. 나이가 크게 차이 나지 않는 한 학년이 같으면 실제 나이가 다르더라도 서로 이름을 부르고 반말을 한다. 실제 나이는 중요한 기준이 되지 않기 때문에 확인하지도 않는다. 그냥 동갑이라고 생각한다. 빠른년생들이 일명 '족보 파괴자'라고 불리는 이유다.

이들이 족보를 파괴하는 이유는 실제 나이와 학년 나이가 다르기 때문이다. 이들은 1~2월 생이라서 한 살 일찍 학교에 입학했기 때문에 자신보다 한 살 많은 사람들과 반말을 하며 '얘, 쟤'를 한다. 만약 학교를 같이 다니지 않았다면 둘은 나이 차이가 나기 때문에 한 살이 어린 사람이 한 살이 많은 사람에게 '얘, 쟤'를 하고 이름을 부르지 못할 것이다.

그러다 보니 빠른년생들은 가끔 이상한 삼각관계를 만든다. 가온이와 나온이, 그리고 나온이의 오빠 나열이의 경우가 그렇다. 가온이와 나온이는 유치원을 같이 다닌 친구다. 그런데 가온이는 빠른년생이라 나온이보다 1년 먼저 학교에 입학했다. 학교에 입학한 가온이는 나온이의 한 살 위 오빠인 나열이와 같은 반 친구가 되었다.

이제 가온이는 나온이의 유치원 친구인 동시에 나온이의 오빠 나열이의 학교 친구가 된 것이다. 이렇게 되니 나온이는 가온이를 어떻게 불러야 할지 혼란스럽다. 여태까지 자신의 친구라서 '가온아' 하고 이름만 부르고 '얘, 쟤' 하며 지내 왔는데 이제는 오빠의 친구가 되었으니 그렇게 계속 불러서는 안 될 것 같다. 그렇다고 하루아침에 '가온이 오빠'라고 부를 수도 없는 노릇이 아닌가. 이렇게 가온이와 나온이, 그리고 나열이는 어색한 삼각관계가 되어 버렸다.

빠른년생들은 그래서 빠른년생이 아닌 사람들로부터 본의 아니게, 신성한 나이 위계를 해체시켜 버리는 골치 아픈 존재라는 낙인이 찍히기도 한다. 그래서 그들은 또래의 사람들에게 자기소개를 빠르고 간편하게 하기 위해 '빠른 몇 년생'이라는 표현을 만들게 된 것이다. 덕분에 이들은 '학교는 일찍 갔지만 나이는 한 살 어리다'고 구구절절 설명하는 대신에 '빠른 몇 년생'이라는 표현을 통해 한마디로 말할 수 있게 되었다. 이렇게 '빠른년생'이라는 표현은 나이에 의해 작동하는 한국어의 문제 때문에 만들어진 것이다.

하지만 빠른년생이라는 표현은 조만간 역사 속으로 사라지게 될 표현이 되었다. 초·중등교육법의 개정으로 2007년부터는 7세 조기 입학이 폐지되었기 때문이다. 이 법의 효과가 처음 적용되는 것이 2003년생이 초등학교에 입학하는 시점인 만큼, 2003년생부터는 그 이름으로 불릴 존재가 사라지게 되었으니 머지 않아 빠른년생이라는 말도 없어질 것으로 보인다.

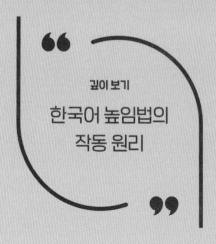

깊이 보기

한국어 높임법의 작동 원리

한국어 높임법은 매우 정교하다. 한국어 높임법에는 크게 세 가지가 있는데 주체 높임법, 객체 높임법, 상대 높임법이 그것이다.

주체 높임법이란 문장의 주어에 해당하는 인물과 나와의 관계를 따지는 것이다. 문장의 주어가 나보다 소위 '높은' 사람이면 주격 조사를 '이/가' 대신에 '께서'로 써야 하고, 서술어에 '-시-'를 붙여야 한다. 일부 서술어의 경우는 서술어 자체를 바꾸어야 하기도 한다. 예를 들어 '선생님이 사과를 먹고 있어요'라고 말하는 것보다는 '선생님께서 사과를 드시고 계세요'라고 말하는 것이 적절하다고 생각하는 이유다.

객체 높임법이란 문장의 객체인 목적어나 부사어에 등장하는 인물과 나와의 관계를 따지는 것이다. 문장의 목적어나 부사어가 나보다 소위 '높은' 사람이면 객체 존대를 표시하기 위해 '에게'를 '께'로 바꾸어야 하고 서술어 중 일부를 바꾸어야 한다. 그래서 한국어 사용자들은 '선생님에게 선물을 주었다'고 표현하는 것보다 '선생님께 선물을 드렸다'고 표현하는 것이 적절하다고 생각한다.

끝으로 상대 높임법이란 대화 상대자와 나와의 관계를 따지는 것이다. 상대를 부르는 말과 종결어미로 표시한다. 그래서 우리는 한국어를 들으면 말하는 사람과 듣는 사람의 관계를 바로 알 수 있다. 예를 들어 "야, 이리로 와"라고 하는지 "부장님, 이리로 오세요"라고 하는지, 말만 듣고도 말하는 사람과 듣는 사람의 관계를 파악할 수 있다. 말하는 사람이 듣는 사람을 '야'라고 부르고 '와'라고 하는 것으로 보아 말하는 사람과 듣는 사람이 같거나 소위 '아랫사람' 혹은 '낮은' 사람임을 알 수 있다. 한편, 말하는 사람이 듣는 사람을 '부장님'이라고 부르고 '오세요'라고 한 것으로 보아 말하는 사람이 듣는 사람보다 소위 '아랫사람' 혹은 '낮은' 사람임을 알 수 있다.

한국어 높임법 중에서 가장 중요한 것은 물론 상대 높임법이다. 주체 높임법이나 객체 높임법의 대상이 되는, 문장의 주어나 목적어에 등장하는 인물은 내 눈앞에 존재하는 인물일 수도 아닐 수도 있다. 하지만 상대 높임법의 대상이 되는 대화 상대자는 바로 내 앞에서 나와 이야기를 나누고 있는 사람이다. 그러니 중요하지 않을 수 없다. 게다가 말을 끝내기 위해서는 종결 표현이 필요한데, 종결 표현에는 상대 높임법이 꼭 실현되어야만 한다.

그리고 상대 높임법이란 대화 상대자와 나와의 관계를 내 입으로 표현하는 것이니 상대 높임법을 잘못 사용하는 것은 대화 상대자를 불쾌하게 만들거나 불편하게 만들 수 있다. 적절한 높임법을 사용하지 않으면 상대와의 관계를 이어가기 어렵다. 그렇다면 상대와 나와의 관계를 말로 설정할 때 고려해야 할 점들은 무엇인가?

상대 높임법을 적절하게 실현하기 위해서 가장 중요하게 고려해야 할 요소가 바로 연령, 즉 나이다. 상대가 나보다 나이가 많으면 존댓말을 써야 하고, 상대가 나와 나이가 같거나 적으면 반말을 쓸 수 있다는 것이 한국어 사용자들의 약속이다. 물론 나이만이 고려의 대상이 되는 것은 아니다. 나이 외에도 화자와 청자의 지위 차이나 친밀도는 물론, 발화 장면(격식적인 장면인지 비격식적인 장면인지) 등도 중요한 요소로서 나이와 상호작용을 하며 적절한 상대 높임법의 선택에 기여한다.

'민낯'이 불편한 말이 된 이유

곱씹을수록 불편해지는 단어들

❝

"당신이 한 말은 옳지 않습니다."

내가 한 말을 듣고 누군가 문제를 지적한다면 어떨까?

별것도 아닌 말에 왜 그토록 예민하게 반응하는지,
모두가 그렇게 사용하고 있어서 그렇게 말한 것뿐인데,
불쾌하고 심지어 억울한 생각까지 들 때는 없었는가?

매일매일 사용하는 언어 표현은
너무나 익숙하고 일상적이어서 문제의식을 갖기 어렵다.

아무렇지 않게 써 온 표현이 누군가에게는
불편함, 당황스러움, 불쾌감을 줄 수 있다.

이제 내가 무심코 쓰는 표현들을 예민하게 들여다 보고,
그 표현들이 누구의 관점에서 만들어졌는지
곰곰이 생각해 보자.
언어 감수성을 가지고
내가 한 말들과 내가 쓴 글들을 예민하게 곱씹어 볼 차례다. **❞**

● 어느 날 갑자기

아마 누구나 이런 경험이 있을 것이다. 별다른 문제의식 없이 일상적으로 써 왔던 표현이 갑자기 낯설어지거나 갑자기 불편해지는 경험 말이다. 언어 표현이 담고 있는 이데올로기에 관심을 가지고 표현을 톺아보는 일을 하다 보니 남들보다 이런 경험을 자주 하게 되는 것이 사실이다. 가장 최근에 이런 불편함을 경험하게 해 준 표현이 바로 '민낯'이었다.

그날 필자는 '민낯'이라는 단어를 무심코 글에 담고 있었다. 흔히 사회 문제의 숨겨진 실체가 드러난다는 것을 비유적으로 '우리 사회의 민낯이 드러난다'고 표현하거나 권력을 가진 사람들의 숨겨진 추한 실체가 드러나는 것을 '권력자들의 민낯이 드러난다'고 표현하는 것처럼 그날 필자도 이런 표현을 문장에 담고 있었던 것이다.

그런데 그 표현을 담은 문장이 완성될 즈음 '민낯'이라는 단어가 갑자기 마음에 걸리기 시작했다. 흔히 써 왔던 표현이 갑자기 낯설고 이상하게 다가왔고 이런 비유가 과연 적절한 것인가 의문이 들기 시작한 것이다. 그래서 민낯의 실체를 파헤쳐 보기로 했다.

● **민낯이 왜 나쁘지?**

민낯이란 '화장을 하지 않은 얼굴'을 말한다. 그러니까 '우리 사회의 민낯이 드러난다'는 표현은 우리가 지금까지 알고 있던 우리 사회의 모습이 사실은 화장을 통해 꾸며진 것이고, 실체가 아니었다는 이야기를 하고 있는 것이다. 더불어 화장을 지우고 드러난 실체는 화장을 통해 가려졌던 것과는 달리 결함이 가득하고 추하다는 것을 의미한다.

이처럼 이 비유는 화장을 하지 않은 민낯은 결함이 가득해서 가려야 할 모습이라는 것을 전제하고 있다. 민낯을 바라보는 시선은 결코 긍정적이지 않다. 민낯은 감추고 가려야만 하는 대상, 꾸미고 포장해야 하는 대상을 상징한다.

그런데 왜 화장을 하지 않은 얼굴, 즉 '민낯'이 이처럼 부정적인 맥락에 사용되면서 비난의 대상이 되어야 하는 것일까? 화장을 하지 않은 얼굴이 진짜 자기 모습인데 왜 우리 사회는 그 진짜 자기 모습이 드러나는 것을 부정적인 시선으로 바라보고 있는 것일까 하는 의문이 들었다.

숨겨야 할 실체가 민낯이라면, 결함이 있는 민낯을 화장으로 감추지 않고 그냥 드러내는 것에 대해서 이 표현을 만든 사람들은 어떤 입장을 취하고 있는가에 대해 살펴볼 필요가 있다는 생각이 들었다.

과연 민낯을 드러내는 것은 나쁜 일일까?

● 화장은 왜 나쁘지?

그런데 잘 생각해 보면 이 표현은 '민낯'만이 아니라 '화장'을 하는 일에 대해서도 부정적인 관점을 동시에 드러낸다. 화장이란 민낯의 결함을 가리고 숨기기 위한 의도적인 행위이기 때문이다. 화장이란 실체를 숨기는 '눈속임'이라는 것이 이 표현에 담겨 있는 관점이다.

그런데 왜 화장을 하는 것이 비난을 받아야 하는 일일까?

이런 질문이 떠오르면서 결국, 숨기고 가려야 할 것이 많은 민낯도, 그 결함을 가리고 숨기기 위해 화장을 한 것도 모두 이 표현을 통해 비난의 대상이 되고 있다는 사실을 깨닫게 되었다. 이처럼 화장에 대한 우리 사회의 태도는 긍정적이라고 하기 어렵다. 화장은 늘 실체를 가리기 위한 행위라고 받아들여지는 경향이 있고, 화장과 관련된 표현은 늘 부정적인 맥락에서 사용된다.

흔히 사용되고 있는 '분식(粉飾, 가루 분 꾸밀 식) 회계'라는 표현을 통해 그러한 관점을 확인할 수 있다. 분식 회계란 회사의 실적이 좋아 보이도록 장부를 조작하여 거짓으로 꾸미는 일을 말한다. 실제보다 좋게 보이도록 실적을 부풀리고 비용을 누락시키는 등의 장부 조작 행위를 분칠하는 행위에 비유한 표현이다. 분칠이란 화장을 상징하는 것이다.

분식 회계 또한 분칠을 하지 않거나 분칠을 지우면 결함과 추함이 드러난다는 것을 의미하는 만큼, 화장하는 행위를 비하함과 동시에 화장을 하지 않은 것 또한 비난하는, '민낯'의 불편함과 같은 불편함을 주는 표현이다.

더욱이 '분식 회계'라는 표현은 한 걸음 더 나아가 '회계 부정'이나 '회계 사기'를 나쁘지 않은 어감으로 포장하는 표현이라서 더욱 문제가 된다고 할 수 있다. '회계 부정'이나 '회계 사기'가 실체이지만 '분식 회계'라는 표현의 포장지를 두르고 있어서 실체가 잘 드러나지 않는다. 그래서 '분식 회계'는 명백히 부정 행위이고 사기 행위임에도 불구하고 어감상 그 정도의 나쁜 일은 아닌 듯이 느껴진다.

결국 이러한 표현들은 화장으로 대표되는 꾸밈에 대한 우리 사회의 이중적인 태도가 잘 드러나는 표현이라고 할 수 있다. 화장을 하지 않은 민낯은 숨겨야 할 결함이 가득한 것이고, 그 결함을 숨기는 화장이라는 행위는 실체를 가리는 일이니 옳지 않다는 생각이 바로 '우리 사회의 민낯을 드러낸다'는 표현과 '분식 회계'에 담겨 있는 생각이었던 것이다.

그런데 잠깐! 화장을 하는 자의 성별은 보통 무엇인가?

● 부정적인 시선이 향하는 곳

화장이란 우리 사회에서 여성들, 특히 성인 여성들이 하는 행위라고 일반적으로 받아들여진다. 특별한 경우가 아니라면 아이들이 화장을 하거나 성인 남성이 화장을 하는 것에 대해 우리 사회는 그다지 허용적이지 않다. 그러니 '민낯'의 대상이 되는 자의 성별도, 민낯의 결함을 가리고 숨기기 위해 '화장'을 하는 행위자의 성별도 자연스럽게 여성이 떠오르기 마련이다.

결국 '우리 사회의 민낯이 드러난다'는 표현은, 자신의 실체를 숨기기 위해 화장을 한 여성의 이미지를 떠오르게 한다. 그리고 더 나아가 그 여성의 화장 뒤에 숨겨진 민낯은 결함이 가득하고 추한 모습이라는 것을 상상하게 한다.

실제로 '민낯'을 사전에서 찾아보면 뜻풀이와 용례를 통해 그 대상이 되는 인물의 성별이 여성으로 한정되고 있음을 확인할 수 있다. 다음은 《표준국어대사전》, 《고려대한국어대사전》, 《연세현대한국어사전》에 올라온 '민낯'이라는 단어의 뜻풀이와 용례를 보인 것이다.

'민낯'의 사전적 의미

가. 표준국어대사전

(뜻풀이) 화장을 하지 않은 얼굴.

(용례) ① 민낯으로 다녀도 얼굴이 고운 여자.

② 선을 보러 온 처녀답지 않게 얼굴에 찍어 바른 것이 없는 민낯이어서 볼수록 잡티가 없고 수더분해 보여 다행이었다.

출처 《이문구, 산 너머 남촌》

나. 고려대한국어대사전

(뜻풀이) 화장을 하지 않은 본디 그대로의 얼굴.

(용례) ① 그녀는 민낯이 더 예쁜 것 같다.

다. 연세현대한국어사전

(뜻풀이) (주로 여자의) 화장하지 않은 얼굴.

(용례) ① 여인은 화장기 없는 민낯이 청순한 이미지를 주었다.

② 처녀는 선을 보러 온 처녀답지 않게 얼굴에 찍어 바른 것이 없

는 민낯이어서 볼수록 수더분해 보였다.

③ 그녀는 오늘따라 평소보다 단출한 옷차림에 민낯에 가까운 모습이었다.

④ 분이 벗겨진 민낯에 가발을 얹을 겨를도 없이 달려 나온 기생의 모습은 초라하였다.

⑤ 연회가 열리는 날 초희는 민낯에 깨끗하게 손질한 흰 무명저고리와 다홍빛 치마를 입었다.

《표준국어대사전》과 《고려대한국어대사전》의 뜻풀이에는 성별이 표시되어 있지 않지만, 용례를 통해 대상이 되고 있는 사람의 성별이 모두 여성임을 확인할 수 있다. 한편, 《연세현대한국어사전》의 경우는 뜻풀이에 괄호를 사용하여 '(주로 여자의)'라고 기술의 대상이 주로 여성임을 분명히 기록하고 있다. 해당 사전의 용례에 보인 다섯 개의 예문 역시 여성을 기술의 대상으로 삼고 있다.

이렇듯 비유적 의미가 아니라면 민낯은 화장을 할 것으로 기대되는 연령의 여성이나 특히 화장을 반드시 해야 하는 직업을 가진 여성, 즉 여성 연예인들에 대해 기술할 때 주로 사용되는 경향이 있다. 사회적 통념상 화장을 할 것으로 기대하지 않는 아이나 성인 남성을 대상으로 '민낯'이라는 표현이 사용되는 경우가 매우 드문 것은 이 때문이다.

• '민낯'과 '화장'에 담긴 주류의 관점

'우리 사회의 민낯이 드러난다'라는 표현을 통해 '민낯'과 '화장'에 대한 우리 사회의 이중적인 태도를 확인해 보았다. 우리 사회는 결함을 감추기 위해 화장을 하는 것도, 화장을 하지 않고 그대로 드러난 민낯도 모두 비난의 대상으로 삼고 있었다. 그리고 그 비난의 대상이 되고 있는 행위자의 성별은 모두 '여성'이었다. 그러니까 민낯을 드러내는 것도, 화장을 하는 것도 비난을 받아온 것은 다름 아닌 성인 여성들이었다.

이렇게 '우리 사회의 민낯이 드러난다'는 표현에는 화장을 바라보는 우리 사회 일반적인 주류 세력(남성 기득권 세력)의 생각이 반영되어 있음을 확인할 수 있다. 즉, 화장은 여성의 전유물이며 화장을 하는 것도 하지 않는 것도 문제가 있다는 생각이 그것이다. 언어 표현에는 대체로 그 사회 주류의 관점이 주로 담기는 만큼, 주류 남성의 관점을 담아 만들어진 이 표현이 문제의식 없이 널리 사용되고 있음에 주목할 필요가 있다.

주류의 관점을 담은 언어 표현은 학습을 통해 굳어지면서 가장 일상적인 것이 되어 버린다. 그리고 일상이 되면 문제의식은 쉽게 마비되어 버린다. 언어 표현이 담고 있는 문제점을 자각하기가 매우 어려운 이유다.

이처럼 일상적으로 사용되고 있는 언어 표현에 문제의식을 갖는 것은 쉽지 않다. 주류의 관점을 벗어나야 하고, 익숙함으로부터 탈피하여 다른 관점으로 바라봐야 문제가 확인되기 때문이다. 언어 감수성이 높아야만 가능한 일이다. 감수성이 높다는 것은 예민하게 반응한다는 것이니, 언어 감수성이 높다는 것은 언어 표현에 예민하다는 것을 의미한다.

● '프로불편러'라는 이름표

언어 감수성을 갖는 것이 이렇게 쉽지 않은 일임에도 불구하고 익숙하게 써 왔던 언어 표현에 대해 문제점을 지적하거나 불편함을 호소하는 사람들은 대체로 곱지 않은 시선을 받게 된다. 너무 예민한 것 아니냐는 반응이 돌아오고 별것도 아닌 것을 가지고 불편해하며 유난을 떤다는 말을 듣게 된다. 그렇게 말해 와서 그렇게 말한 것일 뿐인데 왜 그 말을 쓴 사람들이 잘못했다는 공격을 받아야 하냐고 억울하다는 항변을 듣게 되기도 한다.

급기야 최근에는 그런 불편함을 호소하는 사람들을 '프로불편러'라는 이름으로 조롱하기까지 한다. 그렇다면 이 글을 쓰고 있는 필자는 '프로불편러'인가?

누군가 필자에게 "당신은 프로불편러입니까?"라고 묻는다면 필자는 다음과 같이 대답할 것이다. "네, 저는 프로불편러가 되기 위해 공부하는 사람입니다"라고 말이다.

언어 감수성을 높여서 익숙한 표현이 담고 있는 다수자의 횡포를 지적하고 소수자의 관점이 소외되어 있음을 자각하려는 것이 최근 필자의 주요 관심사이니 이렇게 답하는 데 주저함이 없다. 그리고 필자가 깨닫지 못한 문제점을 깨닫기 위해 다른 사람들의 목소리를 경청하고 문제점을 공유하고자 노력하고 있다. 즉, 그런 일을 하는 사람을 '프로불편러'라고 부른다면 필자는 더 나은 프로불편러가 되기 위해 연구하고 정진하고 있는 셈이다. 그러니 필자에게 프로불편러라는 이름표는 영예로운 이름표가 아닐 수 없다.

이는 비단 필자의 경우로만 한정되는 이야기가 아니다. 오늘보다 더 성장하고자 하는 모든 사람은 사실 프로불편러가 되기 위해 노력하는 것이라고 해도 과언이 아니다. 혹시 나의 편안함이 타인의 불편함 위에 만들어지는 것은 아닌지 감수성을 가지고 예민하게 바라볼 수 있는 눈을 갖기 위해 애쓰는 것이니 말이다. 특히, 가장 일상적이어서 감수성을 갖기가 어려운 것이 언어인 만큼, 언어 감수성을 가지려는 시도는 최고의 프로불편러를 지향하는 것이라고 할 수 있다.

이렇게 잘 따져보니 프로불편러는 조롱의 이름표가 아니라 영예의 이름표가 되어야 한다. 그럼에도 불구하고 프로불편러는 왜 조롱의 이름표가 된 것일까?

● 배운대로 말할 뿐이라고?

그 이유는 간단하다. 집단적 방어 기제가 발현된 까닭이다.
언어는 사회적 약속이라 배운 대로 해야 한다. 그러니까 배운
대로 말한 사람들은 기본적으로 죄의식을 갖기 어렵다. 또, 언
어 표현에 대해 불편함을 느끼고 지적하고 사회에 호소하는 사
람의 수와 익숙하고 편안하게 문제의식 없이 사용하는 사람의
수는 비교가 되지 않을 만큼 큰 차이가 난다. 프로불편러가 되
는 것이 결코 쉽지 않기 때문이다. 그래서 프로불편러라고 불
리는 사람은 소수일 수밖에 없다.

더욱이 프로불편러라고 불리는 사람들은 문제를 지적한 사
람이고, 프로불편러라고 조롱하는 사람들은 문제를 지적받은
사람이다. 누군가가 근거를 가지고 '당신이 한 말은 옳지 않습
니다'라고 지적한다면 그 지적을 받은 사람은 당연히 놀라고
당황스러울 것이다. 게다가 지적받은 표현이라는 것이, 자신이
다수의 횡포를 부리고 누군가를 소외시키기 위해 의도적으로
사용한 것이 아니라 그냥 그렇게 배워서 그렇게 사용한 것뿐이
라면 더욱 그럴 것이다.

그러니 '당신이 한 말은 옳지 않습니다'라는 누군가의 지적은 많은 사람을 억울하고 화나고 불쾌하기 짝이 없게 만들 가능성이 높다. '프로불편러'라는 조롱의 표현은 그러한 당황스럽고 불쾌한 반응의 결과물이라고 생각할 수 있다.

하지만 우리가 책을 읽고 강연을 듣고 함께 서로의 생각을 나누며 언어 감수성을 높이고자 노력하는 이유가 무엇인가에 대해 곰곰이 되짚어 본다면, 너무나 확실히 그 답을 찾을 수 있다. 언어 감수성을 높이기 위해 우리는 지금 우리가 사용하고 있는 표현이 혹시 누군가에게는 불편한 표현이 되는 것은 아닐까 고민한다. 우리가 추구하는 가치를 담기에 우리가 사용하고 있는 언어는 충분한 것인가를 고민하고, 현재에 안주하지 않고 자신의 언어 감수성을 높이고자 노력해야 한다. 이 모든 노력을 기울이는 이유는 언어 감수성을 높이는 일이 어려운 일이지만 바람직한 일이기 때문이다.

이 장에서 우리는 '민낯이 드러난다'는 표현을 통해 '민낯'과 '화장'에 대한 우리 사회 주류가 지닌 부정적 태도를 확인할 수 있었다. 그리고 그 부정적 시선이 향하는 곳에 '여성'이 존재하는 것은 아닌지 의문을 제기했다. 가장 일상적이어서 문제의식을 갖기 어려운 언어 표현에 대해 감수성을 가지고 예민하게 생각해 보는 과정에서 그 표현이 누구의 관점에서 만들어진 것인지, 이를 통해 우리는 무엇을 알 수 있는지 성찰해 볼 수 있는 기회를 가져 보았다.

● **그럼 도대체 어떤 말을 쓰라는 거야!**

민낯, 화장, 분식 회계처럼 익숙하게 써 왔던 언어 표현에 대해 문제점을 지적하고 불편함을 호소하면 일반적으로 가장 먼저 돌아오는 반응은 다음과 같다.

"이 말도 안 된다고 하고, 저 말도 틀렸다고 하면 도대체 어떤 말을 쓰라는 거야!"

불쾌한 표정을 지으며 이렇게 투덜거린다. 그런 표현은 우리가 전통적으로 써 왔던 표현인데 전통을 우습게 아는 거냐고, 자신의 뿌리를 부인하는 거냐고까지 되묻기도 한다. 그리고 그런 뜻이 담겨 있다고는 하지만 누가 그런 의미를 새기면서 말을 하냐고 하면서 예민하게 굴지 말라고 오히려 타이른다. 또, 원래 단어가 가졌던 의미가 희석되어 다른 의미로 바뀌었으니 바뀐 뜻풀이로 생각하면서 쓰면 되는 것 아니냐고 반박한다.

이렇게 대놓고 말로 반응을 보이는 대신 얼굴 표정에 불쾌감을 한가득 담고 온몸으로 못마땅함을 표현하기도 한다. 또, 인터넷 댓글을 통해 극단적이고 자극적인 표현으로 적나라하게 자신의 불쾌감을 표현하기도 한다. 이것도 안 된다, 저것도 안

된다고 하면 도대체 어떤 말을 해야 하느냐고 말이다.

정말 그런 걸까? 우리가 전통적으로 써 왔던 표현이니 그 전통은 지켜야 하는 것인가? 의미를 새기면서 하는 말도 아닌데 예민하게 굴 필요가 없는 것인가? 원래 그 단어의 의미가 그렇더라도 그 뜻풀이를 바꿔 사용하면 되는 것 아닌가?

이런 질문에 대해 다음의 질문을 던져 보자.

전통을 지켜야 한다면 왜 우리는 왕조의 전통과 신분제의 전통을 단절했는가? 말하는 사람이야 의미를 새기면서 하지 않는다 해도 그 말을 듣는 사람이 그 의미가 새겨진다면 안 해야 하는 게 아닐까? 표현을 바꾸자는 얘기가 일리가 있다면 좀 불편해도 우리가 바꿔서 다음 세대에게는 그 부적절한 표현을 물려주지 말아야 옳지 않을까?

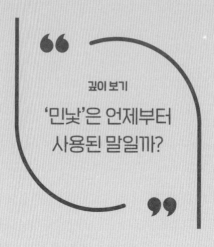

깊이 보기

'민낯'은 언제부터 사용된 말일까?

1977년 9월 20일 〈조선일보〉 3면에는 '잠자는 우리말' 명사 편이 실려 있다. 잘 사용되지 않고 있는 고유어 명사 약 70여 개를 가나다순으로 소개한다. 이 가운데 '민낯'이라는 단어가 발견된다. 신문에는 '민낯'의 뜻을 '단장하지 않은 여자의 얼굴'이라고 풀이하고 있다. 이것이 신문 기사에 등장하는 '민낯'의 첫 번째 사용 예다.

네이버 뉴스 라이브러리● 키워드 검색을 통해 검색된 '민낯'은 총 3회에 불과하다. 앞서 살펴본 1977년 기사를 제외하면 2건이 더 있을 뿐이다. 이 시기에는 민낯보다 '민얼굴'이나 '맨얼굴'이라는 표현이 더 많이 사용된 듯하다. 민얼굴은 1961년에 첫 사용이 관찰되고 이후 5회 더 쓰임

● 인터넷 포털사이트 네이버가 제공하는 신문 기사 검색 시스템이다. 〈경향신문〉, 〈동아일보〉, 〈매일경제〉, 〈조선일보〉, 〈한겨레〉 등 5개 신문사의 창간호부터 1999년 사이의 기사를 검색할 수 있다. (https://newslibrary.naver.com/search/searchByDate.nhn)

이 확인되어 총 6회 관찰된다. 한편, 맨얼굴은 1931년 기사에 처음 등장한 이래 총 127회를 확인할 수 있다.

흥미롭게도 1990년대까지 이렇게 사용 빈도가 낮았던 '민낯'이 2000년대 이후 급증하는 양상이 관찰된다. 빅카인즈* 검색을 통해 이러한 사실을 확인할 수 있다. 빅카인즈 검색 결과 '민낯'은 1996년 1회 관찰된 이래 2008년까지 12년간 총 27회의 사용을 보였다. 하지만 2009년 그 사용이 갑자기 증가하여 2009년 한 해 동안 98회의 사용 빈도를 보인다. 그리고 이듬해인 2010년 1,229회, 2011년 3,136회, 2012년 2,274회, 2013년 4,845회를 보이다가 2014년 7,742회로 정점을 찍은 후 2015년에는 7,630회를 보이고 2016년부터 2020년까지 매년 5,000회 전후가 사용되는 양상을 보였다.

반면에 민낯보다 이른 시기에 더 자주 관찰되던 맨얼굴과 민얼굴의 사용은 크게 확대되지 않았다. 민얼굴보다는 맨얼굴이 조금 더 높은 빈도로 관찰되지만 1990년부터 2020년 사이의 총 사용 빈도가 수천 회에 불과할 뿐이다.

이렇게 '민낯'의 사용이 증가한 데는 두 가지 이유가 있는 것으로 해석된다. 하나는 2006년부터 등장하기 시작한 '쌩(생)얼'이라는 신조어가 '민낯'으로 대체되어 간 결과다. 고화질 방송이 일반화되고 텔레비전의 크

● 뉴스 빅데이터 분석 시스템이다. 종합일간지, 경제지, 지역일간지, 방송사를 포함한 54개 신문·방송사의 1990년부터 현재까지 기사를 검색할 수 있다. (https://www.bigkinds.or.kr/)

기가 커지면서 텔레비전에 등장하는 사람들, 특히 여성 연예인들은 더욱 화장에 신경을 쓰게 된다. 하지만 역설적으로 자신의 피부를 과시하며 화장을 하지 않았다고 주장하는 여성 연예인들이 2006년 소위 '쌩(생)얼 열풍'을 일으킨다.

또한, 리얼리티 예능이 유행하면서 화장을 지운 연예인들, 특히 여성 연예인들의 모습이 그대로 화면에 등장하면서 '쌩(생)얼'이라는 신조어가 더욱 세력을 얻게 된다. 하지만 '쌩(생)얼'이라는 신조어의 사용을 비난하며 '민낯'이라는 표현으로 대체할 것을 제안하는 목소리들로 인해 민낯의 사용 빈도가 늘게 된 것이다.

다른 하나는 '민낯'의 사용이 늘면서 비유적 표현으로서의 '민낯'이 관용적 표현으로 정착된 것과 관련이 있다. 우리 사회의 권력이 가진 문제점들을 드러내는 비판적인 글들이 많아지고 권력의 그늘 뒤에 숨어 있던 우리 사회의 실체를 밝히려는 노력이 증가하면서 '우리 사회의 민낯이 드러난다'와 같은 비유적 표현이 증가한 것이 '민낯'의 사용 빈도를 급증하게 만들었다.

이렇게 사전에서 잠자고 있던 고유어 단어 '민낯'이 '쌩(생)얼'이라는 신조어를 대체할 수 있는 대안 표현으로 제안되면서 그 사용이 확대되었고, 그 확대된 사용으로 인해 비유적 표현으로서 각광을 받으며 사용 예를 늘려온 것이다. 하지만 비유적 표현으로서의 '민낯'은 화장에 대한 일반적인 주류 세력의 부정적 관점이 담겨 있다는 자각 없이 그 사용을 확대하며 오늘에 이른 것으로 보인다.

'아메리카노'가 '나오시'는 나라에서

공손성이 문법성을 이길 때

66

무언가 어색한데도 불구하고
자주 듣는 말들이 있다.

'아메리카노 나오셨습니다.'
'사장님 말씀이 계시겠습니다.'
'자리에 앉으실게요.'

계산대에서, 회사에서, 식당에서
이처럼 어색하고 문법에 맞지 않는 언어 표현들을
자주 듣게 되는 이유는 무엇일까?

말은 말을 하는 사람과
말을 듣는 사람의 모습을 품고 있다.
이 어색한 말들이 보여주는
우리의 모습은 무엇일까?

99

● 어디를 가나 들리는 이상한 말들

카페에 가서 우리는 흔히 이런 말을 듣게 된다.

"주문하신 아메리카노 나오셨습니다."

옷을 사러 옷가게에 가면 옷을 파는 사람들은 우리를 응대하면서 말한다.

"이 옷은 신상품이세요."

"올해 유행하는 올리브색도 있으세요."

신발을 사러 가도 이런 말을 자주 듣게 된다.

"이 신발은 12만 원이세요."

"신상품이지만 작년 상품보다 저렴하게 나오셨어요."

여러분에게 이 말은 어떻게 들리는가? 자연스럽게 들리는가, 아니면 어색하게 들리는가?

이번에는 병원에 가 보았다. 진료를 받으러 병원에 갔더니 이런 말이 들린다.

"신지영 님, 진료실로 들어오실게요."

"신지영 님, 주사실로 이동하실게요."

"신지영 님, 돌아누우실게요."

카페에서, 옷가게에서, 신발가게에서, 그리고 병원에서 이런 말들을 많이 들어 보았으리라. 어딘가 어색하지만 자주 듣게 되는 이 말들, 어색한데도 널리 사용되고 있는 이유는 무엇일까? 어디가 어떻게 어색한 걸까? 그리고 이런 말들은 우리의 어떤 모습을 비추고 있는 것일까?

● 어색한 말이 널리 쓰이는 이유

"아메리카노 나오셨습니다"로 대표되는 이런 말들이 문법에 맞지 않아 어색하고 이상한 말이라는 이야기를 누구나 한 번쯤은 들어 보았을 것이다. 한국어를 연구하는 학자들뿐 아니라 기자와 아나운서는 물론 평범한 시민들까지 다양한 매체를 통해 꽤 오래전부터 이 말의 문제점을 지속적으로 지적을 해왔다. 그런데 그렇게 많은 사람이, 그렇게 오랫동안 문제가 있다고 지적해 왔는데 왜 이런 표현들은 없어지기는커녕 더 널리 사용되고 있는 것일까?

그 이유는 간단하다.

문법을 어긴 표현이 문법을 지킨 표현보다 사용에서 훨씬 더 효과적이라고 언어 사용자들이 생각하기 때문이다. 즉, 틀려서 얻게 되는 이익과 맞아서 얻게 되는 이익을 비교할 때, 틀려서 얻게 되는 이익이 훨씬 크다고 생각하기 때문이다. 정말 그런지 확인해 볼 필요가 있다.

카페나 옷가게에 가서 "주문하신 아메리카노 나오셨습니다", "이 옷은 신상품이십니다"라고 말하는 사람들에게 물어보자. 혹시 이 말이 문법에 맞지 않는 말이라는 걸 모르냐고 말이다. 그들의 답이 정말 놀랍다. 그 말이 잘못된 말이라는 건 익히 들어서 잘 알고 있다고 말하기 때문이다. 소위 말하는 '사물 존대' 표현이 아니냐고 전문가처럼 말하기까지 한다. 그래서 다시 물어본다. 틀린 걸 알면서도 왜 그렇게 말하냐고 말이다.

그들의 답이 흥미롭다. 손님들 중에는 그렇게 말하지 않으면 불쾌해하면서 혼내는 경우가 있다는 것이다. 문법에 맞게 한다고 "아메리카노 나왔습니다"라고 말하면 손님 중에는 왜 말을 제대로 높여서 하지 않냐고 화를 낸다는 얘기다. 손님과 시시비비를 가리면서 논쟁을 할 수는 없는 노릇이 아니냐고 한숨을 쉰다.

병원에 가서 물어봐도 마찬가지다. 의료 서비스를 제공하는 분들도 상점에서 물건을 파는 사람들과 똑같이 말한다. "신지

영 님, 진료실로 들어오세요"라고 말해야 맞다는 걸 알지만 그렇
게 말하면 손님 중에는 "어디서 오라 마라 명령질이야!" 하면서
불쾌해하는 경우가 있어 조심스럽다는 것이다. 그래서 좀 어색
해도 "신지영 님, 진료실로 들어오실게요"라고 말한다는 것이다.

그렇게 말하면 좀 이상한 말을 한다고 조롱 비슷하게 비아냥
거리는 사람은 있어도 불쾌하다고 화내고 혼내는 사람은 없다
고 말한다. 비아냥을 듣는 게 낫지 내원자들을 불쾌하게 만들
수는 없지 않냐고 되묻는다.

역시 병원에서도 몰라서 그러는 게 아니었다. 틀린 말인 줄
은 알지만 틀린 말이 더 효과적이라고 생각하기 때문에 사용하
고 있었던 것이다.

● **어디가 어떻게 이상한 걸까?**

그런데 카페나 상점에서 자주 듣게 되는 "아메리카노 나오셨
습니다" 혹은 "이 옷은 신상품이세요"가 어색하게 들리는 이유
는 무엇일까?

그 이유는 높임법이 문법에 맞지 않기 때문이다. '나오셨습
니다', '신상품이세요'에 있는 '-시-'는 문장의 주체가 되는 주
어가 말하는 사람보다 높은 사람일 때 사용하는 문법적인 요

소다. 그런데 '나오시'고 '신상품이신' 것은 사람이 아니라 각각 판매의 대상이 되는 '아메리카노'와 '옷'이다. 사람이 아니고 그냥 판매하는 물건이다. 그러니 결코 말하는 사람보다 높은 존재라고 할 수 없다.

그래서 문법에 맞게 말하려면 '-시-'를 쓰지 않고 그냥 "아메리카노 나왔습니다", "이 옷은 신상품입니다"라고 말해야 한다. '-시-'를 넣어 말하면 문장의 주어인 '아메리카노'와 '신상품'을 말하는 사람인 카페 직원이나 옷가게 직원보다 높이게 된다. 이상하고 어색한 표현이 되는 이유다. 이런 표현을 '사물 존대'라고 하는 까닭도 바로 여기에 있다.

그럼 이번에는 병원에서 많이 듣게 되는 표현에 대해 알아보자. 이번에는 높임법 문제가 아니다. 문장에 쓰인 높임법은 전혀 문제가 없다. 문장의 주어가 이 말을 듣고 있는 내원자들이니 '-시-'를 써서 내원자를 적절히 높였다. 또 듣는 사람이 내원자이기 때문에 듣는 사람을 '해요체'로 적절히 높이고 있다.

이번 표현의 문제는 다른 곳에 있다. "진료실로 들어오실게요", "주사실로 이동하실게요", "돌아누우실게요"에는 모두 '-ㄹ게요'라는 말이 사용되고 있다. 이 '-ㄹ게요'는 주어의 약속, 의지 등을 표현하는 말이다. 그래서 주어가 '나'일 때만 사용이 가능하다. "나 이거 할게"는 자연스럽지만 "너 이거 할게"는 이상하게 들리는 이유다.

"너 이거 할게"가 이상하다면 병원에서 흔히 듣게 되는 "진료실로 들어오실게요"도 이상한 문장이 되어야만 한다. 이 문장의 주어는 '나', 즉 말하는 사람인 의료서비스 제공자가 아니라 '너', 즉 듣는 사람인 내원자이기 때문이다.

이 말들의 문제점을 알아봤으니 그럼 이번에는 이 말이 갖는 효과를 알아볼 차례다.

● **똑똑하면 손님을 잃어요!**

앞서 이야기한 대로 사물인 아메리카노는 당연히 말하는 카페 직원보다 높은 존재일 수 없어서 "아메리카노 나오셨습니다" 류의 말은 문법에 맞지 않는다. 하지만 인터뷰를 했던 카페 직원의 말처럼 "아메리카노 나왔습니다"라고 문법에 맞게 말하면 불쾌해하는 손님이 있다는 것이 문제다. 만약 '-시-'를 안 들으면 자신이 충분히 존대를 받지 못했다고 잘못 생각하는 사람들이 있다면, 그래서 손님에게 불쾌감을 줄 수 있다면, 게다가 불친절하다고 혼까지 나게 된다면, '-시-'는 카페 직원에게 꼭 필요한 '필수 아이템'이 아닐 수 없다.

그런데 손님들은 왜 그렇게 생각하게 될까? 이번에는 손님들이 그렇게 생각하는 이유를 살펴보자. 이는 '-시-'의 기능이 주어에 대한 존대에서 듣는 사람에 대한 존대로 확대되어 가는 것과 관계가 있다. 요즘 들어 많은 사람이 잘못 사용하고 있는 '제가 아시는 분'을 통해 이러한 경향을 확인할 수 있다. 사실, '제가 아시는 분'이라는 표현은 심지어 말하는 사람 자신을 높이고 있으니 정말 황당한 표현이다.

하지만 더 놀라운 것은 이 말을 듣는 사람들이다. 이 말을 듣고 필자처럼 생각하는 사람보다는 말하는 사람이 듣는 '나'를 높여 주려고 '-시-'를 썼구나 하고 생각하는 사람이 훨씬 더 많다. 요즘 들어 이 표현은 방송을 통해 세력을 얻어가고 있는 중이다.

말하는 사람이 자기 스스로를 높이는 "제가 아시는 분이 해 준 얘기예요"라는 말을 듣고도, 듣는 사람은 말하는 사람이 듣고 있는 '나'를 높여 주는구나 생각하는데, "아메리카노 나오셨습니다"는 두말할 필요가 없다.

상황이 이런데 직원 입장에서는 어떤 것이 더 유리할까? 사물 존대의 문제점을 인식한 어떤 손님으로부터 문법에 안 맞는 말을 했다고 비난을 받는 것과, 사물 존대가 자신을 높여 주는 것이라고 믿고 있는 손님으로부터 왜 자신을 충분히 높이지 않았냐고 비난을 받는 것 중에 말이다.

당연히 문법에 안 맞는 말을 해서라도 손님의 심기를 불편하게 하지 않는 것이 훨씬 유리하다.

사물 존대를 하는 멍청한 직원은 손님을 잃지 않지만, 높임법을 문법에 맞게 잘 구사하는 똑똑한 직원은 손님을 불쾌하게 만드는 불친절한 직원이 되어 손님을 잃게 된다. 그러니 문법에 맞지 않는 어색한 말이 문법에 맞는 말보다 훨씬 효과적이라는 결론이다.

● **나의 명령이 아니라 당신의 의지입니다**

다음은 병원에서 듣게 되는 "들어오실게요"류의 표현을 살펴보자. 이 표현은 모두 듣는 사람에게 행동을 요구하는 말이다. 병원에서는 내원자들에게 행동을 요구하는 말을 많이 할 수밖에 없다. 내원자들은 진료를 받기 위해 대기실에서 기다려야 하고, 차례가 되면 진료실로 들어가야 하고, 진료가 끝나면 주사를 맞으러 주사실로 가거나 검사를 위해 검사실로 이동해야 할 수도 있다. 또 진료나 검사를 위해 돌아누워야 할 수도 있다. 이처럼 병원에 가면 내원자들은 의료 서비스 종사자들로부터 다양한 행동을 요구받게 된다.

듣는 사람에게 행동을 요구하기 위해서 사용하는 가장 전형적인 문장은 '명령문'이다. 그런데 명령문은 명령을 내리는 자와 명령을 수행하는 자의 관계를 설정하게 된다는 문제가 있다. 명령이 공손함과 공존하기 어려운 이유다.

그러니 의료 서비스 종사자들이 내원자들에게 명령문을 쓰면 자칫 내원자들의 기분을 상하게 할 수 있다. 최대한 부드럽고 상냥한 말투로 최고의 존댓말인 '하십시오체'를 써서 "들어오십시오"라고 해도 명령문은 명령문일 뿐이다. 그래서 내원자들이 명령문을 듣고 불쾌감을 느낄 수 있다.

명령문이 갖는 이러한 특성 때문에 명령문보다는 다른 유형의 문장으로 명령문의 기능을 대신하게 하는 것이 일반적이다. 의문문을 명령문 대신 사용하는 것이다. "창문 열어 주십시오"와 "창문 열어 주시겠습니까?"를 비교해 보면 금방 어감의 차이를 확인할 수 있다. 의문문으로 말하니 명령이 아니라 부탁으로 들린다. 말하는 사람도 듣는 사람도 부담이 확 줄어든다.

그렇다면 병원에서도 "들어오시겠어요?"라고 말하면 되지 않을까?

하지만 이 장면에서 의문문을 쓰면 원하지 않는 결과를 초래할 수 있어 문제가 될 수 있다. 우선 의문문은 정보를 요구하는 문장이다. 따라서 듣는 사람에게 답변을 요구하는 것이 기본적인 기능이다. 답변을 요구하는 것도 요구는 요구라서 자칫 내원자들을 불쾌하게 만들 수 있다. 내원자들이 자신의 기분에 따라서 "왜 뻔한 걸 묻고 난리야!" 하고 불쾌해할 수도 있고, "아니요, 안 들어갈래요"라고 답을 하면 낭패가 아닐 수 없다.

그래서 나온 말이 바로 "들어오실게요" 류의 말이다. 평서문을 가지고 명령문처럼 행동을 요구하는 기능을 수행할 수 있도록 고안한 문장이다. 평서문이란 정보를 전달하는 기능을 수행하는 문장이라서 말을 하는 사람도, 그 말을 듣는 사람도 별 부담이 없다. 그러니 평서문으로 원하는 기능, 즉 요청 기능을 수행할 수만 있다면 금상첨화다.

일반적이지 않은 기능을 수행할 수 있게 하려면 일반적이지 않은 방법을 궁리할 수밖에 없다. 그런 궁리 끝에 탄생한 것이 바로 "들어오실게요" 류의 표현인 것이다. 즉, 말하는 사람의 의지를 표현하는 '-ㄹ게요'를 가지고 듣는 사람의 의지를 표현하는 듯이 말하는 것이다. "들어오실게요"라고 하면 왠지 말하는 사람의 명령이 아니라 듣는 사람이 자신의 의지로 그 행위를 하는 것처럼 느껴지게 되어 부담감이 확 줄어들게 된다.

문법에 맞지는 않지만 듣는 사람을 불쾌하게 만들지 않으면서 원하는 기능, 즉 행동을 요구하는 기능을 수행할 수 있는 표현이니 이보다 더 유용할 수는 없다. 그러니 조금 이상해도 당연히 애용될 수밖에.

결국, 문법에 맞지 않아 이상한 말이라고 비난을 받아온 표현들이 사라지기는커녕 세력을 확대해 가고 있는 이유는 비난을 감수할 만큼 충분한 효과가 있기 때문이었다.

● 공손성의 요구 뒤에 숨은 일상의 갑질

여기서 한 가지 주목할 것이 있다. 앞서 살펴본 말들이 모두 서비스 장면에서 사용되는 말들이라는 점이다.

서비스 장면은 친절함과 공손함을 요구한다. 즉, 불친절하다거나 불손하다는 비난을 듣는 것이 비문법적인 말을 한다는 비난을 듣는 것보다 훨씬 더 큰 비용이 드는 장면이다. 그러니 친절하고 공손하기 위해 문법성을 훼손하는 일 정도는 큰 문제가 되지 않는다. 그렇게 공손성은 문법성을 이기게 된다.

그런데 잘 생각해 보자. 문법을 훼손해도 좋으니 공손성을 유지하라고 요구한 사람은 누구인가?

그건 다름 아닌 서비스를 받는 사람들, 즉 상점이나 병원 이용자들이다. 서비스 이용자들이 서비스 제공자들로 하여금 비문법적인 문장을 만들어 쓰게 하고, 비문법적임을 뻔히 알면서도 어쩔 수 없이 그런 말을 쓰도록 무언의 혹은 유언의 압력을 넣어 왔던 것이다.

결국 공손성이 문법성을 이기도록 문법을 파괴하게 만들고 문법을 파괴한 표현이 세력을 넓히게 한 사람이 어쩌면 서비스 제공자인 '그들'이 아니라 서비스 이용자인 '우리'였을지도 모른다. "아메리카노 나왔습니다" 혹은 "들어와 주세요"에 만족하지 못한 '우리'가 '그들'에게 "아메리카노 나오셨습니다" 혹은

"들어오실게요"라는 문법에 맞지 않는 어색한 말을 만들게 했고, 또 그 사용을 넓혀가게 한 것일지도 모른다.

유독 서비스 장면에서 이상한 말들이 많이 관찰되는 것을 통해 우리가 진짜 생각해 보았어야 했던 것은 문법에 맞지 않는 말을 한다는 지적이나 비난이 아니었다. 공손성의 요구 뒤에 숨어 있는 우월적 지위를 이용한 '일상의 갑질'에 대한 깊이 있는 성찰이었다.

혹시 우리는 '손님은 왕이다'라는 철 지난 표어에 속아서 돈을 내고 서비스를 제공받는 것을, 전제 군주가 되어 갑질을 할 수 있는 권리를 사는 것으로 착각하고 있었던 것은 아닐까? 서비스를 제공하는 사람들이 갑질을 당해야 할 이유가 없는 것처럼, 서비스를 이용하는 사람도 갑질을 할 권리는 없다.

손님은 왕이 아니다. 손님은 손님일 뿐이다.

앞으로 상점에서 혹은 병원에서 공손성이 문법성을 이긴 표현들이 귀에 들리면 '뭐 저런 비문법적인 말을 해?'라고 생각하기에 앞서, 일상의 갑질에 혹시 내가 동참하고 있는 것은 아닌지 손님으로서의 나의 태도를 뒤돌아 살펴보면 어떨까? 서비스를 제공하는 사람이 친절을 베풀어야 한다면 서비스를 제공받는 사람도 예의는 지켜야 할 테니 말이다.

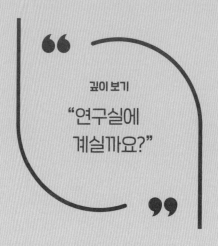

깊이 보기
**"연구실에
계실까요?"**

어느 날 연구실로 전화가 걸려왔다. 익숙한 목소리였다. 행정실의 직원 선생님이었다. 행정실로 전달된 서류가 있어서 연구실로 보내겠다는 내용이었다. 그런데 다음과 같은 질문에 순간 당황했다.

"교수님, 혹시 지금 연구실에 계실까요?"

어떻게 답을 해야 할지 갈피가 잡히지 않았다. 연구실로 전화를 했고 분명히 필자에게 가져다 줄 서류가 있다는 내용인 것 같았는데 이런 질문을 하니 문장의 주어가 누구인지 잘 파악이 되지 않았다. 전화를 받기 전에 마감 원고에 집중한 탓에 정신이 딴 데 팔려서 통화 내용을 건성으로 들었나 반성하면서 실례가 되기는 하겠지만 그래도 동문서답을 하는 것보다는 낫겠다 싶어서 물었다.

"어, 죄송한데 누가요?"

필자의 반문에 직원 선생님은 당황한 기색이 역력했다. 당황해하는 반응에 필자 또한 당황했다. 대충 눈치를 보니 그 문장의 주어는 바로 필자였던 모양이다. 사태를 수습하려고 말을 이어갔다. 계속 연구실에 있을 예정이니 언제든지 서류를 가져다 주면 된다고 말하며 전화를 끊었다.

전화를 끊고 잘 생각해 보니 이런 말을 들어본 적이 있는 듯했다. 그리고 어떤 사람이 떠올랐다. 그 사람과 이야기를 하다가 비슷한 낯섦을 느낀 적이 있었다는 기억이 떠올랐던 것이다. 그때도 분명히 맥락상 필자에 대해 묻는 것 같았는데 다른 사람에 대해 묻는 것처럼 물어서 순간 당황했었다.

'ㄹ까요'는 어떤 일에 대한 물음이나 추측을 나타내거나 어떤 일에 대한 상대편의 의사를 묻는 말이다. 그러니까 전화를 받고 있는 사람에게 "지금 연구실에 계실까요?"라고 묻는 것은 어색할 수밖에 없다. 상대가 연구실에서 전화를 받고 있는데 상대가 연구실에 있는지 추측하는 것도, 연구실에 있는지 의사를 묻는 것도 이상하다. 이 말이 자연스러우려면 주어는 제3자가 되어야 한다.

주어가 듣는 사람이라면 "지금 연구실에 계신가요?"라고 해야 더 자연스럽다. 듣는 사람이 연구실에 있는 상황임을 확인하고 싶다면 현재 사실에 대한 물음을 나타내는 'ㄴ가요'가 더 적절하기 때문이다.

하지만 'ㄹ까요'가 자신의 추측이나 상대의 의사를 묻는 의미 때문에 현재의 사실에 대해 묻는 'ㄴ가요'보다 훨씬 공손한 느낌을 줄 수 있다. 자신이 확인한 사실에 대해 묻는 것이 아니라 자신의 추측이나 상대의 의

사를 묻는 것이 더 공손하다고 생각할 수 있기 때문이다.

이 말 역시 서비스 장면에서 자주 들을 수 있다. 식당에서는 더 주문할 것이 없는지를 "더 주문하실 것 있으실까요?"라고 묻는다. "더 주문하실 것이 있으신가요?"가 더 자연스러운 말이지만 어느덧 식당에서는 "더 주문하실 것 있으실까요?"를 더 자주 듣게 되었다.

역시 공손성이 문법성을 이기면서 만들어진 말이다.

네 번째 강의

'여사'의 변모

우리 사회는 여성을 어떻게 불러 왔나?

66

아줌마, ○○○ 씨, 여사님,
사모님, 선생님, 교수님….

한국어에는 호칭어와 지칭어가
다양하게 발달되어 있지만,
누군가를 어떻게 칭하느냐에 따라
상대를 향한 말의 온도가 극명히 달라진다.

우리가 특정 직업을 대하는 태도,
사회에서 남성과 여성을 대하는 태도,
나이의 많고 적음을 대하는 태도가
호칭 하나에 그대로 드러난다.

각기 다른 호칭어와
그에 따른 '말 대접'에 드러난
우리의 인식은 어떤 모습일까?

99

● 2017년 〈한겨레〉의 '씨' 논란

누구에게 어떤 호칭을 써야 하는지는 참으로 조심스럽고 어려운 문제다. 인물에 따라서는 엄청난 논란을 불러일으키기도 한다. 이와 관련하여 가장 기억에 남는 논란 중 하나가 2017년 5월 문재인 대통령 취임 직후에 있었던 대통령 부인에 대한 호칭 논란이 아닐까 한다.

〈한겨레〉 신문이 문재인 대통령 취임 직후, 대통령의 부인을 '김정숙 씨'라고 표기한 기사를 내보냈다. 이를 보고 독자들이 대통령의 부인을 '김정숙 씨'라고 표현하는 것은 무례하다, '김정숙 여사' 정도는 표현해야 하지 않냐는 내용의 댓글을 달기 시작했다. 이에 대해 〈한겨레〉는 이와 같은 표기 원칙은 1988년 창간 이래 계속 지켜왔던 원칙이라고 해명한다. 대통령 부인에 대해 '영부인'이나 '여사'라는 권위주의적인 경칭을 사용하지 않고 그냥 '대통령 부인 ○○○ 씨'로 표기하는 것이 내부적 원칙이며, 〈한겨레〉는 그것을 지금까지 지켜 왔다는 것이다.

하지만 〈한겨레〉의 해명에 대한 독자들의 반응은 싸늘했다. 독자들은 한겨레의 해명에 물러서지 않고 과거 〈한겨레〉의 기사를 모두 검색하여 〈한겨레〉가 원칙을 지키지 않고 다른 대통령의 부인에게 '여사'를 썼던 경우를 찾아냈다. 그리고 원칙 없이 오락가락 '여사'와 '씨' 사이를 오간 〈한겨레〉에 조롱과 비난을 퍼부었다.

정치권도 합세하여 비난의 목소리를 더한다. 여당 국회의원들은 자신의 SNS를 통해 대통령의 부인인데 '씨'는 너무하지 않냐, '여사' 정도는 붙여야 하지 않냐는 입장을 밝히며 〈한겨레〉가 쓸데없는 고집을 부리는 것이 아니냐고 불편한 심경을 표현했다. 논란은 사이버 공간을 오가면서 눈덩이처럼 커졌고 급기야 독자들의 절독 운동으로까지 이어졌다.

'씨' 논란이 절독 운동으로 번지는 양상을 보이자 〈한겨레〉는 심각성을 깨닫고 내부 논의를 시작했다. 그리고 2017년 8월 25일 '알림'을 통해 창간 이래 지켜오던 대통령 부인에 대한 존칭 원칙, 즉 '영부인'이나 '여사'처럼 권위주의적인 존칭을 쓰지 않고 '씨'를 쓰겠다는 원칙을 바꾸겠다는 내용을 발표한다. '씨'와 '여사'의 논란은 〈한겨레〉가 창간 이래 29년간 유지했던 편집 방침을 바꾸는 것으로 일단락된다.

● **사실은 1999년부터: '이희호 씨'인가 '이희호 여사'인가**

〈한겨레〉 신문의 대통령 부인에 대한 '씨' 호칭 논란은 2017년이 처음은 아니었다. 김대중 대통령과 노무현 대통령 때도 같은 문제 제기가 있었다.

1999년 12월 7일 자 〈한겨레〉에는 김대중 대통령의 부인을 '이희호 씨'라고 부르는 것이 예의에 벗어난 것 같아 보기 좋지 않다는 독자의 목소리가 실려 있다. 이 독자는 대통령 부인에게 '씨'가 적절한 호칭이 아니라고 지적하며 〈한겨레〉 신문이 정권에 대한 나쁜 감정이나 여성에 대한 차별의식을 가진 것이 아니냐는 입장을 이메일로 보낸 것이다.

이 문제 제기에 대해 〈한겨레〉는 '답합니다'를 통해 자신들의 입장을 독자들에게 전한다. '나쁜 감정'이나 '차별의식' 때문이 아니라 '영부인'이나 '여사'처럼 권위주의적인 말을 될수록 쓰지 않는다는 내부적 원칙에 따라 창간 때부터 지위와 남녀를 가리지 않고 '씨'라는 존칭을 써 왔다는 짧은 답변을 내놓았다. 짧은 질문에 대한 짧은 답변이 오간 후 별다른 논의가 더 이어지지는 않은 것으로 보인다.

- **2007년에 또다시: '권양숙 씨' 논란**

이후 대통령 부인에 대한 '씨' 호칭 논란이 〈한겨레〉 신문에 다시 등장한 것은 2007년이었다. 2007년 10월 7일 자 기사 중에는 '권양숙 씨가 뭡니까?'라는 제목의 기사가 있다. 이 기사는 당시 남북 정상회담을 위해 평양을 방문했던 노무현 대통령 부부의 소식을 전하면서 대통령 부인을 '권양숙 씨'라고 칭한 것에 대한 독자들의 질문과 항의의 내용, 그리고 이에 대한 〈한겨레〉의 입장이 정리되어 있다. 이 기사는 '편집국에서'라는 이름을 달고 있었고 작성자는 박찬수 정치 부문 편집장이었다.

정치 부문 편집장이 직접 작성한 해당 기사에는 〈한겨레〉를 통해 대통령 내외의 평양 방문 보도를 접한 독자들의 항의성 반응이 잘 담겨 있다. '현직 대통령 부인이신데, 권양숙 씨라고 표기하다니요, 이건 정말 아니지 않습니까', '다른 기사에선 '여사'라는 표현을 쓰면서, 권양숙 씨라고 표기하는 건 어깃장 놓는 건가. 한겨레 왜 그러나' 등과 같은 독자의 거센 반응을 소개했다. 노무현 정부가 힘이 없어도 그렇지, 대통령 부인을 의도적으로 무시하는 거 아니냐며 8명의 독자들이 표기 문제 때문에 〈한겨레〉 신문의 구독을 끊겠다는 통보까지 했다고 기사는 전하고 있다. 1999년 '이희호 씨' 때보다 독자들의 반응이 더욱 거셌던 것으로 보인다.

하지만 이에 대한 〈한겨레〉의 입장은 이전의 입장과 크게 다르지 않았다. 단, 이전보다는 훨씬 더 상세하게 자신들의 표기 원칙을 설명했다. 자신들은 1988년 창간 이래 역대 대통령 부인들을 모두 'ＯＯＯ 대통령 부인 ＯＯＯ 씨'라고 표기해 왔다며 자신들도 처음에는 낯설었지만 대통령 부인에게 '영부인'이라는 호칭을 쓰지 않는 것은 권위주의 청산을 위해서라고 했다. 그리고 '여사'라는 호칭을 쓰지 않는 것 또한 성별이 드러나는 호칭을 가급적 배제하기 위한 뜻이라고 설명했다.

아울러 이러한 편집 원칙에도 불구하고 일부 '여사'가 사용된 예에 대해 실수를 인정하며 앞으로는 그러한 실수가 나오지 않도록 조심하겠다는 입장을 밝혔다. 그리고 〈한겨레〉가 일관된 원칙을 가지고 타 언론과 달리 표현하는 데 대해 이의를 제기할 생각이 없다는 청와대 대변인의 발언을 인용하며, 정작 청와대는 이 문제에 대해 어떠한 항의도 하지 않았다고 강조했다. 끝으로 〈한겨레〉의 표기 원칙에 대해 독자들의 이해를 구하며 글을 마무리했다.

이 글은 2009년 5월 31일에 한 번 더 실리게 된다. 노무현 전 대통령이 세상을 떠난 사실을 보도하는 과정에서 전 대통령의 부인을 '권양숙 씨'로 보도하는 〈한겨레〉에 다시 독자들의 항의가 빗발쳤기 때문이다. 하지만 이 역시 〈한겨레〉의 편집 원칙을 바꾸는 데까지 이르지는 못했다.

● '씨' 논란에서 짚어보아야 할 두 가지

〈한겨레〉와 독자 사이에 이어진 1999년부터 2017년까지 약 18년간의 '씨'와 '여사' 논란에서 우리는 두 가지를 꼭 짚어보아야 한다.

우선은 호칭에 있어서의 호칭어와 지칭어의 차이다. 호칭어란 누군가를 부르는 말이고, 지칭어란 누군가를 가리키는 말이다. 그래서 호칭어와 지칭어는 다를 수 있다. 예를 들어 '딸의 배우자'는 '사위'인데 '사위'는 지칭어 즉 가리키는 말일 뿐, 호칭어 즉 대면하여 부르는 말로는 잘 쓰지 않는다. 대체로 '사위'를 대면하여 부를 때는 '유 서방, 김 서방'처럼 '성'에 '서방'을 붙여서 부르는 것이 일반적이다. 물론, 요즘은 그냥 자식을 부르듯이 이름을 호칭어로 사용하기도 한다.

또 기업의 대표 이사를 지칭할 때는 '△△ 주식회사 ○○○ 대표'와 같이 표기하지만 대면하여 부를 때는 부르는 사람과 듣는 사람의 관계에 따라서 '○○○ 대표님' 혹은 '○○○ 대표'와 같이 달리 부를 수 있다. 만약 화자가 청자보다 지위가 낮으면 '○○○ 대표님'과 같이 부를 것이고, 반대로 화자가 청자보다 지위가 높거나 둘의 지위가 같으면 '○○○ 대표'와 같이 부를 수 있을 것이다. 이처럼 호칭어는 화자와 청자의 관계를 드러낸다.

● 호칭어와 지칭어의 차이

신문 기사에는 당연히 지칭어가 사용되지 호칭어가 사용되지는 않는다. 신문에서 사용되는 언어는 글말이지 입말이 아니기 때문이다. 따라서 기사에서 대통령의 부인을 '김정숙 씨'라고 지칭하는 것을 해당 신문사가 원칙으로 삼는다고 해서 해당 신문의 기자가 대통령 부인을 만나 대면하는 상황에서까지 '김정숙 씨'라는 호칭어를 사용한다는 뜻은 아니다.

만약 기자가 대통령의 부인과 대면하여 말하는 경우라면 그 기자는 분명히 대통령의 부인을 '김정숙 씨'라고 부르지는 않을 것이다. 아마도 '김정숙 여사님'이라는 호칭어를 사용할 가능성이 높다. 이는 마치 신문 기사에서 'ㅇㅇㅇ 대통령'이라고 표기한다고 해서 대통령을 대면하는 상황에서 대통령을 'ㅇㅇㅇ 대통령'이라고 부르지는 않는 것과 같다. 만약 기자가 대통령을 대면한다면 '님'을 더해서 '대통령님'이라는 호칭어를 사용할 것이다.

이렇게 세 번 혹은 네 번을 이어간 〈한겨레〉와 독자 간 '씨'와 '여사'의 호칭 논란은 호칭어와 지칭어를 혼동한 데서 오해가 증폭된 측면이 없지 않았다고 할 수 있다.

● '여사'의 과거

두 번째로 짚어야 하는 것은 '여사'라는 호칭어 혹은 지칭어 자체에 대한 것이다. 고대 중국에서 후궁을 섬기어 기록과 문서를 맡아보던 여성 관료를 의미하던 '여사(女史)'라는 단어가 현재 우리가 사용하는 것처럼 '결혼한 여자를 높여 이르거나 사회적으로 이름 있는 여자를 높여 이르는 말'로 쓰이게 된 것은 1880년대 중반 일본에서부터였다.

영어 'bluestocking(블루스타킹)'을 일본어로 번역하는 과정에서 '여사'를 사용한 결과였다. 'bluestocking'이란 1700년대 후반에 전성기를 누린 영국의 여성 지식인 모임에서 유래된 말로, 문학을 좋아하는 여성이나 여성 문학가를 이르는 말이 되었다. 이들이 'bluestocking'이라고 불린 이유는 이들이 당시에 일반적으로 신었던 흰색 스타킹 대신 파란색 스타킹을 신었기 때문이라고 한다.

'bluestocking'의 일본어 번역어였던 '여사'는 여성 학자나 정치가, 예술가 등의 이름 뒤에 붙어서 경칭의 의미로 일본에서 사용되기 시작했고, 이러한 용법은 1900년대에 우리나라에 들어왔다. 그리고 일제강점기를 거치면서 사용 영역을 넓혀 나갔다.

일본에서 수입된 '여사'는 1990년대까지도 대체로 두 가지 경우에 여성의 경칭으로 신문 기사에 사용되었음을 확인할 수 있다. 하나는 사회 저명인사인 여성을 지칭하는 경우였고 다른 하나는 지위가 높은 남성의 배우자 여성을 지칭하는 경우였다. 전자는 대체로 '시인 ○○○ 여사', '장관 ○○○ 여사', '국회의원 ○○○ 여사'와 같은 구조로 사용되었다. 또 후자는 대체로 '누구의 부인 ○○○ 여사'의 구조로 쓰였다.

지금의 시선에서 보면 매우 낯설게도 흥미롭게도 1960년대 이전에 활약했던 여성의 경우는 국회의원도, 장관도, 교수도 각각 의원, 장관, 교수로 표기되기보다는 '여사'로 표기되며 신문 지상에 자주 등장하는 것을 확인할 수 있다. 그래서 우리나라 최초의 여성 장관이며 최초의 여성 국회의원인 임영신도, 당시의 신문에는 '임영신 장관'이나 '임영신 의원'이 아니라 '상공부 장관 임영신 여사', '국회의원 임영신 여사'라고 표기한 경우가 눈에 많이 뜨인다.

또한 5선의 국회의원이었고 당시 통합 야당이었던 민중당의 당수까지 지낸 박순천도 '박순천 의원', '박순천 총재'가 아니라 '박순천 여사'로 당시 신문에는 기록되어 있다. 한편 우리나라 최초의 여성 철학 박사이며 이화여자대학교 총장을 지낸 김활란의 경우도 '김활란 박사'나 '김활란 총장'이 아니라 '김활란 여사'로 표기된 기사를 심심치 않게 만날 수 있다. 사실 이 인물들의 경우는 1990년대 기사에까지도 이전 시대의 관습 때문인지 '여사'로 표기되는 경우가 자주 관찰된다.

심지어 김활란 박사의 경우는 결혼을 하지 않았다는 이유로 사회적 지위와는 걸맞지 않게 37세의 나이에도 '김활란 양'으로 표기된 기사도 발견된다. 여성의 경우 결혼 여부도 당시에는 호칭을 결정하는 매우 중요한 기준이 되었다는 것이 확인된다.

● '여사'의 현재

만약 요즘 여성 정치인, 학자, 예술가에 대해 기록하면서 이름 뒤에 '여사'를 붙인다면 어떨까? 매우 낯설고 어색할 뿐 아니라 불편하고 거슬릴 것이다. 예를 들어 박영선 전 장관이 장관일 때 박영선 장관에 대한 기사를 쓰면서 기자가 '중소벤처기업부 장관 박영선 여사'라고 표현하거나, 정의당 국회의원인 심상정 의원에 대한 내용을 적은 기사에서 기자가 심상정 의원을 '정의당 국회의원 심상정 여사'라고 표기하는 일은 상상할 수도 없다.

이처럼 최근 사용되고 있는 '여사'의 용법은 처음 여사가 일본으로부터 수입되어 사용되었던 때와 엄청난 온도 차이가 있음을 확인할 수 있다. 그럼 현재의 '여사'는 어떻게 사용되고 있을까?

현재 '여사'는 매우 극단적인 두 가지 용법으로 주로 사용되고 있는 듯하다. 하나는 남편의 지위가 높은 여성의 호칭으로 사용되는 경우이고, 다른 하나는 호칭어가 마땅치 않은 중년 이상의 여성을 대면하여 부를 때 호칭어로 사용되는 경우다.

전자와 같은 용법은 현재 사용의 영역이 점차 축소되어 가는 경향이 있다. 이 경우는 대체로 남편의 지위가 높은 여성 배우자가 직업을 가지고 있지 않은 경우로 한정되는 듯하다. 이 경우 대체로 지칭어로는 'OOO 여사'와 같이 표현되고 호칭어로는 화자와 청자의 관계에 따라서 'OOO 여사님' 혹은 'OOO 여사'와 같이 사용된다.

반면에 후자, 즉 특별한 호칭어를 찾기 어려운 중년 이상의 여성을 대면하여 부를 때 사용되는 '여사'는 이전 시기보다 훨씬 그 사용이 확대되어 가는 경향이 뚜렷하다. 대체로 이 용법으로 사용된 '여사'는 지칭어로 사용되지는 않고 호칭어로만 사용된다. 호칭어로 사용되는 만큼, 관계와 상황에 따라서 이름 뒤에 'OOO 여사' 혹은 'OOO 여사님'과 같이 사용되거나 이름 없이 '여사님'과 같이 사용된다.

두 번째 용법의 '여사'는 이전 시대 사용되었던 '아줌마'를 대체한 것으로 이해된다. 부르는 사람도, 불리는 사람도 늘 불쾌했던 이전 시기의 '아줌마'라는 호칭어가 빠르게 '여사님'으로 대체되어 가고 있는 것으로 보인다. 별도의 호칭어가 될 만한 직업을 갖지 않았거나 상대를 부를 만한 호칭어를 확인하기 어려운 초면 상황에서 중년 이상의 여성에게 '여사님'의 형태로 사용되는 '여사'라는 호칭어는 현재 그 사용 범위를 넓혀가고 있는 중이다.

● 언론의 '여사' 판별 방식

이처럼 현재 '여사'의 용법은 과거와 비교하여 많은 변화가
확인된다. '여사'의 출발은 사회 저명인사인 여성의 경칭이었지
만 이제는 이러한 용법으로는 거의 사용되지 않고 있다. 이것
이 '여사'의 가장 큰 변화라고 할 수 있다.

지금 만약 신문에서 여성 장관이나 여성 국회의원 혹은 여
성 교수에게 '여사'라는 호칭을 사용한다면, '이게 뭐지?' 하는
생각이 들 것이다. 이처럼 현재 지칭어로서 기사에 사용되는
'여사'는 독립적인 개인을 지칭한다기보다는 누구의 부인으로
서의 존재를 지칭한다고 할 수 있다.

그런데 이러한 용법으로 사용된 '여사'를 잘 보면 흥미로운
점이 발견된다. 이는 더불어민주당 이낙연 전 대표의 배우자와
조국 전 장관의 배우자, 지상욱 전 국회의원의 배우자를 비교
하면 잘 드러난다.

더불어민주당 이낙연 전 대표의 배우자 김숙희 씨는 거의 대
부분의 신문이 '김숙희 씨' 혹은 '김숙희 여사'라고 표기하고
있다. 반면에 조국 전 장관의 배우자는 대부분의 언론이 '정경

심 교수'라고 주로 표기하고 있다. 물론 '정경심 여사' 혹은 '정경심 씨'라고 표기된 경우가 아주 없는 것은 아니다. 한편, 지상욱 전 국회의원의 배우자는 '배우 심은하', '심은하', '배우 심은하 씨', '심은하 씨'로 불린다. 하지만 '여사'를 달고 '배우 심은하 여사' 혹은 '심은하 여사'와 같이 언론에 표기되는 일은 없다.

이처럼 세 인물은 모두 정치인 혹은 유명 인사의 부인이라는 공통점을 가지고 있지만, 매우 흥미롭게도 이들의 이름이 언론에 오르내릴 때는 아주 다른 방식으로 표기되고 있음을 확인할 수 있다. 이들이 달리 표기되고 있다는 것은 이들에 대한 언론의, 혹은 우리 사회의 인식에 차이가 존재하고 있음을 반영한다. 그리고 이러한 인식 차이는 세 사람에 대한 언론의 서로 다른 해석을 드러낸다. 그럼 언론은 언제 유명인의 여성 배우자에게 '여사'를 붙이는 것일까?

언론은 우선 연령을 바탕으로 '여사'를 붙일 것인가 말 것인가를 선택하는 듯하다. 김숙희와 정겸심에게는 '여사'를 붙이지만 심은하에게 '여사'를 붙이지 않는 이유다. 심은하에게 '여사'를 붙인 언론이 존재하지 않는 이유가 연령 때문이라는 것은 같은 정치인의 배우자이며 배우라는 직업을 가진 최명길이 언론에 '최명길 여사'라고 표기된 경우가 있음을 통해 드러난다.

다음으로 언론은 유명인의 배우자를 그 사람의 직업으로 인식하는가 아닌가에 따라서 '여사'라고 주로 표기할 것인가 말

것인가를 결정하는 듯하다. 김숙희에게는 '여사'가 주로 붙는 반면에 정경심에게는 '교수'가 주로 붙는 이유다.

사실 김숙희 씨가 직업이 없었던 것도 아니다. 김숙희 씨는 과거 미술 교사로 재직하기도 했고 개인전을 연 화가기도 하다. 하지만 언론은 이낙연 대표의 배우자를 '김숙희 선생님', '김숙희 화가' 혹은 '김숙희 작가'라고 표기하지 않는다. 이를 통해 언론이 '김숙희'라는 인물을 직업적 정체성을 가진 개인으로 보지 않고 유명인의 배우자로서의 정체성으로 바라보고 있다는 것을 확인할 수 있다.

이처럼 현재 언론에 사용되고 있는 '여사'는 연령이 높고 유명인의 배우자를 그 사람의 직업(?)이라고 언론이 판단할 때 붙이는 경칭임을 확인할 수 있다.

● '씨'냐 '여사'냐가 아니라 왜 '여사'냐의 문제

그렇다면 저명인사의 배우자가 남성인 경우는 어떤 경칭이 사용되고 있을까?

사실 저명인사의 남편을 지칭하는 별도의 경칭은 존재하지 않는다. 예를 들어 정의당 심상정 의원의 남편은 신문에서 '이승배 씨' 혹은 '이승배 이사장'으로 지칭된다. 또, 고민정 의원의 남편인 조기영 씨는 '조기영 씨' 혹은 '조기영 시인'으로 지칭되는 것이 일반적이다. 만약 결혼한 여성 대통령이 선출된다면 그 배우자에게는 어떤 경칭이 사용될까? 과연 '여사'에 대응되는 새로운 경칭이 필요하다는 논의가 시작될까?

아마 그렇지 않을 것이다.

그렇다면 우리는 배우자의 성별에 따라 왜 이러한 경칭의 비대칭이 존재하는지, 그러한 비대칭이 우리에게 이야기하는 것은 무엇인지에 대해 생각해 볼 필요가 있다. 결국, '여사' 논란에서 우리가 더 문제를 던졌어야 하는 것은 '여사'냐 '씨'냐가 아니라 왜 '여사'여야 하는가였다.

특히, 김대중 대통령의 배우자인 이희호 씨는 1세대 여성 운동가였다. 1950년대부터 다양한 직책을 가지고 사회활동을 했던 인물이었다. 여성문제연구회의 회장은 물론, 더불어선교회의 이사장을 비롯하여 다양한 단체의 명예회장과 명예총재를 맡았고, 김대중 대통령이 세상을 떠난 후에는 김대중평화센터 이사장을 역임했다. 그럼에도 불구하고 이희호에 대한 언론의 호칭은 늘 '씨' 혹은 '여사'였다. 김대중평화센터 이사장을 지낼 때도 언론은 '이사장'이라는 호칭 대신에 '여사'라는 호칭을 훨씬 더 많이 사용했다.

여성 운동가로서 다양한 단체에 관여하면서 다양한 직책을 맡았으니 다양한 호칭으로 불렸어야 할 '이희호'라는 인물의 경우는 '씨'로 불릴 것이냐 '여사'로 불릴 것인가를 두고 논의를 할 게 아니었다. 우리가 더 문제의식을 가져야 할 것은 '이희호'라는 인물이 왜 우리 사회에서 한 남성의 배우자로서의 경칭인 '여사' 혹은 일반적인 경칭인 '씨' 이외의 호칭으로는 거의 언급되지 않았는가 하는 것이다.

이 문제와 같은 선상에서 논의될 수 있는 것이 바로 소위 '이용수 할머니'가 과연 적절한 호칭인가에 대한 문제다. 일본군 성노예로서 인권을 짓밟히고 말살당했던 과거의 피해 사실을 전 세계에 고발하고 인권 운동의 산 증인으로서 지난 30년간 세계 시민들을 향해 목소리를 높인 투쟁의 주역들을 왜 우리 사회는, 그리고 우리 언론은 '위안부 피해 할머니들'이라고 부르는가에 대해 생각해 보아야 한다. 이 주역 중 한 분인 '이용수'라는 인물을 우리 언론은 응당 '이용수 할머니'가 아니라 '이용수 운동가'로 불러야 한다.

지금까지 우리는 '여사'라는 호칭의 변모 과정을 통해 우리 사회가 여성을 바라보는 시각이 어떻게 바뀌어 왔는가를 확인해 볼 수 있었다. 여성들이 사회에서 어떠한 호칭으로 어떻게 불려왔는가, 그리고 그것이 남성과 어떠한 차이를 보였는가를 통해 우리 사회가 지닌 두 성별에 대한 서로 다른 태도를 확인할 수 있었다.

너를 너라고 부를 수 없음에

타인의 신상정보가 절박한 이유

"

상대와 말을 하려면 상대를 불러야 한다.

상대를 부르려면 상대를 부를 말이 필요하다.

이름을 부를 수 없는 상대와 대화해야 할 때,

그 사람을 어떻게 불러야 할까?

호칭어는 상대와 나의 관계를

나의 입으로 직접 고백하는 말이다.

말하는 사람과 듣는 사람의 관계를 여실히 드러낸다.

직업, 직함, 직책, 나이 등

상대에 대해서 잘 알지 못할 때

우리는 어떤 호칭어를 어떻게 사용해야 할까?

"

● '당신'은 '너'의 높임말이 아닌가요?

점심을 먹고 들어가는 길에 우연히 공대 교수님을 만났다. 반색을 하며 멀리서 달려왔다. 물어볼 게 있어서 전화를 하려던 참이었는데 정말 잘 만났다고 손뼉까지 치며 행복해했다. 가볍게 숨을 헐떡이더니 며칠 전 한 외국인 학생이 한국어와 관련한 질문을 했는데 답을 하지 못해서 국문과 교수님께 물어보고 답을 주겠다고 그 학생에게 약속을 했다고 했다. 학생의 질문은 다음과 같았다.

"'당신'은 '너'를 높이는 말 맞죠? 그런데 왜 교수님에게 '당신'이라는 말을 쓰면 안 되는 건가요?"

이 질문을 듣고 그 공대 교수님은 당황했다고 한다. '당신'이라는 말이 분명 '너'보다는 상대를 높이는 말임에 틀림없는데, 만약 학생이 자신에게 '당신'이라고 한다면 왠지 부적절하다는 생각이 들 것 같았다고 했다. 하지만 그 학생에게 왜 자신을 '당신'이라고 부르는 것이 부적절한지에 대해서는 설명할 수가 없었다고 했다. 학생에게 설명해 줄 수 있도록 자신에게 그 이유를 설명해 달라고 했다.

한국어를 배우는 사람들이 많아지면서 한국어를 배우는 사람들에게서 한국어나 한국 문화에 대한 질문을 받게 되는 일이 잦아졌다. 우리에게는 너무 익숙해서 왜 그런지 생각해 보지 못한 문제들에 대해 낯선 시선으로 바라보고 던지는 질문은 우리를 당황스럽게 한다.

공대 교수님이 외국인 학생의 질문에 당황한 이유도, 그렇게 사용해 왔지만 왜 그런지 한 번도 생각해 본 적이 없었기 때문이었을 것이다. 당황스러운 만큼 생각해 볼 수 있는 기회가 된다는 점에서 감사한 질문이라고 할 수 있다.

● 싸움을 부르는 '당신'

외국인 학생의 말처럼 '당신'이 '너'의 높임말로 사용되는 것은 사실이다. 《표준국어대사전》에서 '당신'을 찾아보면 2번 풀이에 '부부 사이에서, 상대편을 높여 이르는 이인칭 대명사'라고 되어 있고, 3번 풀이에 '문어체에서, 상대편을 높여 이르는 이인칭 대명사'라고 되어 있으니 말이다.

하지만 그렇다고 나와 이야기하는 사람을 '당신'이라고 불렀다가는 싸움이 생길지도 모른다.

예를 들어 보자. 한 운전자가 위험하게 끼어들기를 했다. 차선을 지키며 안전하게 운전을 하던 사람은 사고가 날 뻔한 상황에 화가 났다. 화가 난 운전자는 차선을 바꿔서 위험하게 끼어들기를 했던 운전자의 옆 차선으로 분노의 주행을 시작한다. 그러다 나란히 신호등에 멈춘다. 화가 난 운전자는 창문을 내리고 위험하게 끼어들기를 한 운전자에게 소리친다.

"당신, 그렇게 위험하게 운전을 하면 어떻게 해!"

그때까지 눈도 깜짝하지 않던 상대편 운전자는 이 말을 듣고 창문을 내린다.

"뭐라고? 언제 봤다고 당신이야? 그리고 왜 반말이야! 나이도 어린 것이! 너 몇 살이야!"

이쯤 가면 끼어들기 문제는 어느덧 논점에서 사라진다. 말 문제로 논점이 이동되었다. 말 문제로 논점이 이동되면 이성은 마비되고 감정싸움이 되어 버린다. 이 상황에서 누구의 잘잘못을 가리는 것이 무슨 의미가 있겠는가마는, 이제 피해자와 가해자는 서로 자리를 바꾸게 된다.

상대의 난폭 운전으로 마음이 철렁했던 난폭 운전의 피해자는 이제 언어폭력의 가해자가 됐다. 한편, 끼어들기를 무리하게 했던 난폭 운전의 가해자는 이제 언어폭력의 피해자가 됐다.

이렇게 '당신'은 '너'를 높이는 말인 듯하지만 말하면서 대화 상대를 '당신'이라고 했다가는 말의 내용과는 무관하게 말싸움이 되기 십상이다. 게다가 이때 '당신, 그렇게 위험하게 운전을 하면 어떻게 해?'와 '당신, 그렇게 위험하게 운전을 하면 어떻게 해요?'를 비교해 보면 '당신'이 반말과 더 잘 어울린다는 것을 확인할 수 있다.

이처럼 '당신'은 '너'의 단순한 높임말이 아님을 알 수 있다. 내 앞에서 내 이야기를 듣는 사람을 면전에서 '당신'이라고 부르는 것은 높임이 아니라 낮춤이라는 것을 확인할 수 있다.《표준국어대사전》의 4번 풀이에는 바로 이 당신의 의미가 나와 있다. '맞서 싸울 때 상대편을 낮잡아 이르는 이인칭 대명사'라고 말이다.

● 존중의 '당신'

모르는 사람과 만나서 가장 빨리 상대의 기분을 나쁘게 하는 방법이 있다면 그것은 아마 다짜고짜 처음 만난 사람을 '당신'이라고 부르는 것일 것이다. 물론, '당신'이라고 한다고 무조건 기분이 나빠지는 것은 아니다. '당신'이라고 해도 문제가 되지 않는 장면도 있다.

존중의 의미를 내포한 '당신'의 예

가. 당신은 사랑받기 위해 태어난 사람. 당신의 삶 속에서 그 사랑 받고 있

지요. (노래 〈당신은 사랑받기 위해 태어난 사람〉의 첫 부분)

나. 당신의 관심이 가정폭력을 예방할 수 있습니다. (여성가족부 광고)

다. 알고 있나요? 우리는 언제나 당신 곁에…. (한국산업인력공단 광고)

가에 보인 노래를 듣고 "뭐라고? 당신이라고? 언제 봤다고 나더러 당신이래?" 이렇게 화를 낼 사람이 있을까? **나**와 **다**에 보인 것은 광고에 쓰인 '당신'이다. **나**는 동영상 광고고, **다**는 인쇄물 광고다. 광고에 쓰인 '당신'이 지칭하는 것은 그 광고를 보고 듣는 사람이다. 하지만 그 광고를 보고 듣는 사람이 '당신' 때문에 불쾌감을 느끼지 않는다. 오히려 대우를 받는다고 생각할 것이다. 광고란 돈을 들여서 상품이나 서비스를 홍보하는 것인데 보고 듣는 사람들을 의도적으로 불쾌하게 하려고 할 리는 물론 없다. 게다가 잘 보면 여기에 사용된 '당신'은 앞서 살펴본 당신과는 달리 존댓말과 어울리고 있다.

왜 어떤 '당신'은 듣는 사람을 불쾌하게 해서 싸움을 부르고, 어떤 '당신'은 듣는 사람을 존중해 주는 것처럼 들리게 하는 것일까?

● 안 되는 '당신'과 되는 '당신'의 차이

두 '당신'을 잘 살펴보면 차이가 있다는 것을 알 수 있다. 안 되는 '당신', 즉 듣는 사람을 불쾌하게 만들고 싸움을 부르는 당신은 특정한 사람, 즉 특정 대화 상대자를 가리킨다. 반면에 되는 '당신', 즉 듣는 사람을 존중해 주는 당신은 듣는 '나'를 특정하여 가리키지 않는다. 그냥 그 노래를 듣는 모든 사람, 그 광고를 듣거나 읽는 모든 사람이다. 불특정 다수가 '당신'으로 칭해지고 있다.

한국어에서 '너'나 '당신'과 같은 이인칭 대명사는 사용이 매우 제한적이다. 상대와 말을 하면서 이인칭 대명사인 '너'나 '당신'으로 상대를 부를 수 있는 경우가 어떤 상황인지 생각해 보자. '너'는 친한 친구나 동생, 자녀에게 쓸 수 있고, '당신'은 부부 사이에서 쓸 수 있는 정도다. '너'나 '당신'과 같은 이인칭 대명사는 공손한 장면에서 절대로 사용할 수가 없다. 이것이 한국어가 지니는 특징이다.

● 공손성에 따른 이인칭 대명사의 구분

전 세계 언어를 이인칭 대명사가 공손성에 따라 어떻게 범주화되는가를 기준으로 나누어 보면 다음 표에 보인 것처럼 모두

공손성에 따른 이인칭 대명사의 구분

유형	해당 언어 수
공손성에 따른 구분이 없는 언어	136
공손성에 따라 두 가지로 구분되는 언어	49
공손성에 따라 세 가지 이상으로 구분되는 언어	15
공손성의 이유로 사용이 기피되는 언어	7
계	207

출처_ https://wals.info/chapter/45

네 가지 유형으로 분류된다.

가장 많은 언어가 속한 유형은 이인칭 대명사에 공손성에 따른 구분이 없는 언어다. 대표적인 예로 영어를 들 수 있다. 영어는 대화 상대자를 구분하지 않고 그 사람이 누구든지 간에 그냥 'you'로 부르면 된다. 영어와 같은 유형의 언어는 조사 대상 207개 언어 중에서 136개 언어, 즉 약 66퍼센트에 해당한다.

다음으로 많은 유형은 이인칭 대명사가 공손성에 따라서 두 가지의 구분을 갖는 언어다. 불어를 그 예로 들 수 있다. 불어에는 평칭의 'tu'와 경칭의 'vous'가 존재한다. 똑같이 대화 상대자를 가리키는 이인칭 대명사이지만 대화 상대자가 누구인가에 따라서 둘 중 하나를 잘 선택해서 사용해야만 상대를 불쾌하게 만들지 않는다.

다음은 공손성에 따라 세 가지 이상의 이인칭 대명사가 존재하는 언어다. 인도·아리아어에 속한 마라티어를 예로 들 수 있다. 가족에게 사용하는 'tū', 사회적 지위가 높은 사람에게 사용하는 'te'와 'he', 그리고 성직자나 선생님에게 사용하는 'āpan' 등, 이 언어에는 공손성에 따른 세 가지 유형의 이인칭 대명사가 존재한다. 이런 유형에 속한 언어는 207개 언어 중에서 15개에 불과하여 그 수가 적다.

하지만 가장 적은 수의 언어가 속한 유형은 공손성의 이유로 이인칭 대명사를 기피하는 언어 유형이다. 쉽게 말해서 이들 언어에서는 공손성이 요구되는 대화 장면에서 이인칭 대명사를 사용하지 않는다. 조사 대상 207개 언어 중에서 7개 언어, 즉 3퍼센트만이 이 유형에 속한다. 한국어는 바로 그 7개 언어 중 하나다. 이 유형에 속한 언어에는 한국어를 비롯하여 일본어, 인도네시아어, 베트남어, 태국어, 크메르어, 버마어가 있다.

● 이제는 답할 수 있다!

이제 그 공대 교수님은 외국인 학생에게 받았던 질문에 충분히 답할 수 있을 것이다. '당신'은 '너'의 높임말이 맞다. 하지만 한국어는 공손성의 이유로 이인칭 대명사의 사용이 제한되는 특징을 지닌 몇 안 되는 언어다. 그래서 공손성이 필요한 장면에서는 '너'든 '당신'이든 이인칭 대명사로 대화 상대자를 부르면 안 된다. 그래서 학생이 교수를 '당신'이라고 부르는 것은 적절하지 않다.

단, 광고나 노랫말에 들어간 '당신'처럼 불특정 다수를 의미하는 '당신'은 존중의 의미를 갖는다. 이 '당신'은 특정 대화 상대자를 의미하지 않기 때문에 그 말을 듣고 사람들이 불쾌해하지 않는 것이다.

● **그럼 뭐라고 부르죠?**

이제 그 교수님은 그 질문을 한 학생에게, 교수님께 '당신'이라는 말을 쓰면 왜 안 되는지를 설명할 수 있게 되었다. 하지만 그 학생에게 이렇게 설명하고 나면 아마 그 학생은 이어서 이런 질문을 할지도 모른다.

"그럼 뭐라고 불러야 하죠?"

이 질문을 받은 교수님은 아마 이렇게 답할 것이다.

"'교수님'이라고 하면 돼요."

그럼 그 학생은 또 이런 질문을 하며 도움을 요청할지도 모른다.

"그런데 대화 상대자가 모두 교수님은 아니잖아요. 처음 만난 사람에 대해서는 아는 것도 없는데 그 사람을 뭐라고 불러야 해요? 막 이름을 불러도 안 되잖아요. 더 복잡해졌어요! 한국어 너무 어려워요."

그 학생은 울상을 지을 것이고 그 교수님은 자신도 갑자기 궁금해질 것이다. '그럼 뭐라고 불러야 하지?' 그 교수님은 아마 다시 전화기를 들고 필자의 번호를 검색할 것이다. 그러니 주인공들의 꼬리에 꼬리를 무는 질문을 위해 미리 답을 정리해 둘 필요가 있겠다.

● 호칭어가 필요한 이유

앞서 이야기했듯이 한국어는 공손성이 요구되는 대화 장면에서 이인칭 대명사의 사용을 피한다. 즉, 한국어는 몇 안 되는 '너'를 '너'라고 부르기 어려운 언어 중 하나다. 하지만 대화를 하다 보면 대화 상대자를 언급할 필요를 느끼게 된다. 그렇다면 이때 대화 상대를 뭐라고 불러야 할까?

대화 장면에서 대화 상대자를 부르는 말을 '호칭어'라고 한다. 우선 가장 먼저 사용할 수 있는 호칭어로 떠오르는 것이 이름이다. 누구나 이름은 있으니까 말이다. 만약 이름을 모른다면 이름은 물어보면 되니까 이름을 호칭어로 쓸 수만 있다면 문제는 너무나 쉬워진다.

하지만 앞선 외국인 학생마저 눈치를 챘듯이 이름은 좋은 호칭어가 될 수 없다. 한국어로 말할 때 이름만으로 상대를 부를 수 있는 관계는 매우 제한적이기 때문이다. 이름으로 대화 상대자를 부를 수 있는 상대는 동생, 친구, 자녀 정도가 떠오를 뿐이다. 게다가 대체로 이름을 부를 수 있는 대상은 '너'라고도 부를 수 있는 관계라서 이름은 호칭어의 대안이 전혀 될 수가 없다.

대화 상대자를 이인칭 대명사로 부를 수도 없고 이름으로도 부를 수 없으니 한국어에는 '호칭어'가 별도로 필요하다. 한국어에 호칭어가 발달할 수밖에 없는 이유다.

그렇다면 어느 때 어떤 호칭어를 써야 할까? 적절한 호칭어를 선택하기 위해 대화 상대자에 대한 어떤 정보가 필요한지 확인해 볼 필요가 있다.

● 우선 성별과 연령부터

호칭어 선택의 가장 중요한 기준은 상대의 성별과 연령이다. 그 이유는 가족 관계 호칭어가 가족 관계를 넘어 다양한 관계에서 확대 사용되고 있는 것과 관련이 있다.

대표적인 것이 동기간 호칭어다. 동기간에는 나이가 많은 쪽이 나이가 적은 쪽에게 이름을 부르거나 '너'라는 이인칭 대명사 혹은 '야'라는 감탄사를 호칭어로 사용한다. 반면에 나이가 적은 쪽은 나이가 많은 쪽을 자신의 성별과 상대방의 성별을 따져서 '언니, 오빠, 누나, 형' 중에서 적절한 호칭어를 골라 사용한다.

그러니 한국어 사용자들은 어릴 때부터 상대의 나이와 성별에 관심을 갖지 않을 수 없다. 나보다 나이가 많은지 많지 않은지, 나와 성별이 같은지 다른지를 알아야만 적절한 호칭어를 선택할 수 있고, 그래야 말을 할 수 있기 때문이다.

비슷한 또래의 아이들이 처음 만나서 자신의 나이를 말하고 상대의 나이를 묻는 이유가 바로 여기에 있다. 서로가 말을 하고자 하는 절박한 이유에서 상대의 나이를 물었던 것이다.

서로 관계를 맺으려면 말을 해야 하고, 말을 하려면 서로를 불러야 하는데, 서로의 나이를 알지 못하면 어떻게 불러야 할지를 결정할 수가 없다. 그러니 상대의 나이 정보는 아이들이 서로 관계를 맺는 데 있어서 반드시 알아야 하는 필수적인 정보인 셈이다. 서로 그것을 알기 때문에 서로가 서로의 나이를 묻고 답하는 데 저항감을 갖지 않는다. 나이를 묻는 것을 당연한 것으로 받아들인다.

또, 아이들은 세대가 달라 보이는 어른에게 상대의 나이와 성별에 따라 여자는 '아줌마'나 '할머니', 남자는 '아저씨'나

'할아버지'라고 부른다. 아이들이 부르는 '아줌마'와 '아저씨', '할머니'와 '할아버지'라는 호칭어는 전적으로 아이가 아이 눈 높이에서 판단한 연령을 바탕으로 한다.

● **직함을 알고 있다면**

성인이 되면 관계가 복잡해지는 만큼 호칭어의 선택에 더 많은 정보가 필요하다. 사회적 관계에서 가장 자주 선택되는 호칭어는 상대의 직업, 직위, 직책 등에 의해 결정되는 직함이다. 사회생활에서 사람들을 처음 만나면 상대의 직함이 무엇인지를 알아야 상대를 적절히 부를 수 있다. 그래야 상대와의 대화가 원활해진다.

그런데 직업 중에는 직업이 직함이 되는 경우가 있다. 예를 들어 교수, 변호사, 검사, 판사, 의사, 교사, 아나운서, PD, 감독, 작가 등은 직업이 직함으로 사용되는 경우다. 이 경우에는 직업만 알면 호칭어를 적절히 선택할 수 있다. 이 직업을 가진 사람들은 각각 교수(님), 변호사(님), 검사(님), 판사(님), 의사 선생(님), 선생(님), 아나운서(님), PD(님), 감독(님), 작가(님)과 같이 직업에 따른 호칭어를 쓰면 된다. 하지만 상대가 직장인이라면 상대의 직업만으로는 상대를 부르는 적절한 호칭어를 결정할 수 없다. 상대의 직위와 직책에 따른 직함을 알아야만 적절한 호칭어를 사용할 수 있다.

그러니 사회적 관계에서 새로운 사람을 만났을 때 상대에 대한 신상 정보가 한국어 사용자들에게는 절박하다. 신상 정보를 알지 못하면 상대를 어떻게 불러야 할지 몰라서 말을 하기가 어려워지기 때문이다. 그래서 한국 사람들은 만나면 서로의 신상 정보를 캘 수밖에 없다. 이 또한 아이들이 나이를 묻는 것과 똑같이 서로 말을 하기 위한 절박함에서 온 것이다.

이럴 때 명함은 정말 너무나 긴요한 물건이다. 명함에는 처음 만난 상대가 말을 하기 위해 궁금해할 만한 신상 정보가 일목요연하게 정리되어 있다. 이름부터 직함까지 말이다. 명함만 나누면 굳이 긴 말을 할 필요가 없어진다. 만나서 명함 한 장만 나누면 상대를 어떻게 부르면 되는지 알 수 있으니 상대와의 대화를 순조롭게 시작할 수 있다. 사회생활을 하는 사람들이 만나자마자 명함을 교환하는 이유가 바로 여기에 있다.

● 호칭어의 메뉴판

호칭어는 상대와 나와의 관계를 나의 입으로 고백하는 말이다. 상대가 나와 어떤 관계를 설정하고 있는지를 상대가 자신의 입으로 스스로 호칭어를 통해 고백하고 있으니 상대가 어떤 호칭어로 나를 부르는지에 우리는 민감하지 않을 수 없다.

게다가 상대가 생각하는 적절성과 내가 생각하는 적절성이 늘 일치하는 것도 아니고 상대가 생각하는 관계와 내가 기대하는 관계가 늘 일치하는 것도 아니다. 상대의 호칭어를 듣고 기분이 나빠지기도 하고 기분이 좋아지기도 하고 심지어 감동을 받기도 하는 데는 다 이유가 있었던 것이다.

한국어로 대화 상대자와 성공적으로 말을 하기 위해서는 적절한 호칭어의 선택이 매우 중요하다. 잘못 쓴 호칭어는 상대의 기분을 상하게 하기 때문에 순조로운 대화를 기대할 수 없다. 하지만 지금 호칭어의 메뉴판에는 우리 입맛에 딱 맞는 메뉴들만 있는 게 아니다. 변화된 우리의 입맛에는 더 이상 맞지 않는 오래된 메뉴들이 한가득 있기도 하고, 변화된 우리의 입맛에 맞는 새 메뉴가 아직 준비되어 있지 않기도 하다.

언어의 변화 속도가 사회의 변화 속도를 따라가지 못한 까닭이다. 다양한 인간관계가 새로 만들어졌지만 그 관계에서 사용할 수 있는 호칭어가 아직 호칭어의 메뉴판에 준비되어 있지 않은 것이다.

가장 대표적인 것이 모르는 사람이나 직함을 알 수 없는 사람을 불러야 할 때다. 아마 길에서 만난 모르는 사람을 불러서 도움을 요청하고 싶은데 상대를 뭐라고 불러야 할지를 몰라 고민해 보지 않은 사람은 없을 것이다. 상대가 어리면 어린 대로 나이가 많으면 많은 대로 상대를 뭐라고 불러야 할지 정말 고민스럽다.

이때도 상대의 나이는 호칭어 선택에 중요한 기준이 된다. 대체로 상대가 학교에 다닐 정도의 나이라고 판단되면 '학생'이라는 호칭어로 상대를 부르는 것이 일반적이다. 물론 상대를 이렇게 부르는 사람 자신이 학생일 리는 없다.

상대가 학생을 벗어난 나이라고 판단되면 대체로 상대의 성별과 대우 정도에 따라서 남성은 '아저씨' 혹은 '사장님', 여성은 '아줌마' 혹은 '사모님'이라고 부르는 것이 과거에는 일반적이었다. 하지만 이제는 빠르게 바뀌고 있는 것으로 보인다. 최근에는 성별을 불문하고 '선생님'이라고 부르는 것이 일반화되어 가고 있는 듯하다.

혹자는 '누구에게나 '선생님'이라니 호칭어의 인플레이션이 심각한 것 아니냐'고 걱정을 하지만 호칭어란 어차피 듣는 사람을 위한 것이니 더 가치가 있는 호칭어로 상대를 대접하는 것이 나쁠 건 없지 않을까 생각한다. 말 대접이 박한 것이 문제지 후한 것이 문제가 될 리는 없지 않을까?

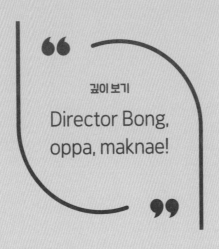

Director Bong, oppa, maknae!

옥스퍼드 대학의 조지은(Jieun Kiaer) 교수는 늘 함께 연구의 즐거움을 나누는 소중한 지음(知音)이다. 우리는 특별한 일이 없는 한 매주 한 번씩 온라인 회의를 한다. 함께 연구 얘기도 하고 사는 얘기도 하다 보면 한두 시간은 그냥 휙 가버린다. 이 책의 거의 대부분의 내용도 사실은 함께 이야기를 나누는 과정에서 서로 영감을 주고받으며 만들어진 것이라고 해도 과언이 아니다.

2019년을 넘어 2020년 초까지 우리의 이야기 주제 중 하나는 단연 봉준호 감독의 〈기생충〉이었다. 조지은 교수는 영국에서도 〈기생충〉이 화제의 중심이었다며 다양한 이야기를 들려 주었다. 그중에 흥미로운 이야기가 바로 봉준호 감독의 호칭과 관련한 이야기였다.

조지은 교수는 봉준호 감독의 인터뷰를 보다가 봉 감독이 영어권에서는 일반적이지 않은 방법으로 호칭되고 있는 것을 발견하고 흥미롭다고 했다. 영어로 말할 때는 특별한 경우가 아니라면 이름을 부르는 것이 일반적인데 봉준호 감독의 경우는 많은 인터뷰에서 'Bong' 혹은 'Joon-ho'라고 불리지 않고 'Director Bong'이라고 불린다고 했다. 세계의 어떤 감독도 Director라는 호칭으로 불리는 경우가 없는데 봉준호 감독은 유독 'Director Bong'으로 불린다는 것이다.

사실 그 배경에는 봉준호 감독의 〈설국열차〉라는 영화에 출연한 크리스 에반스(Chris Evans)와 틸다 스위튼(Tilda Swinton)이 있다. 이들은 봉준호 감독과 영화를 찍으면서 한국 사람들이 호칭어를 사용하여 '봉준호 감독님' 혹은 '봉 감독님'이라고 부른다는 것을 알게 되었다고 한다. 그래서 이들이 봉준호 감독을 'Director Bong'으로 부르기 시작했다고 한다. 이들이 영화 촬영을 마치고 언론 인터뷰를 하면서 봉준호 감독을 'Director Bong'이라고 언급하면서 봉준호 감독의 호칭이 'Director Bong'이 되었던 것이다.

세계의 어떤 감독도 성 앞에 Director라는 호칭어를 달고 불리는 경우는 없다. 마틴 스콜세지(Martin Scorsese) 감독도 스티븐 스필버그(Steven Spielberg) 감독도 봉준호 감독처럼 'Director Scorsese' 혹은 'Director Spielberg'로 불리지 않는다. 끽해야 'Mr.'가 붙을 뿐이다.

한국의 호칭 문화는 케이팝(K-pop)의 인기와 함께 세계에 전파되고 있다. 팬이 아이돌을 부르는 호칭어부터 아이돌들이 서로가 서로를 부르는 호칭어까지 다양하다. 가장 오래되었고 가장 많이 알려진 것은 여성 팬이 남성 아이돌을 부르는 '오빠(oppa)'다. 하지만 최근에는 아이돌들의 영상이 세계적으로 인기를 끌면서 아이돌들이 서로를 부르는 '형(hyung)', '누나(noona)', '언니(unnie)' 그리고 '막내(maknae)' 등의 단어가 번역되지 않고 발음대로 로마자화되어 널리 퍼지고 있다. 이런 말들을 아이돌의 훈민정음이라는 뜻에서 '돌민정음'이라고 부를 정도다.

'Director Bong'에서 'maknae'까지 한국의 호칭 문화의 특성이 한국 문화에 열광하는 사람들에게 낯설지만 흥미로운 것으로 비춰져 퍼지고 있다는 점이 흥미롭다.

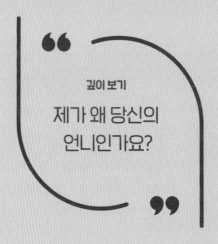

깊이 보기

제가 왜 당신의 언니인가요?

가족 관계 호칭어가 확대 사용되는 흥미로운 상황 중 하나가 상품 판매 상황이다. 상인들 중에는 손님을 '언니', '오빠', '누님', '형님', '어머님', '아버님'과 같이 부르는 경우가 있다. 손님의 연령을 두 범주로 나누어 자녀를 두었을 것으로 생각되는, 연배가 좀 있어 보이는 사람에게는 '아버님', '어머님'이라는 호칭어를 쓰고 자녀를 두었을 것으로 보이지 않는, 연배가 좀 낮아 보이는 사람에게는 동기간 호칭어 중 손위 동기간을 부르는 말을 호칭어로 사용한다. 이 경우 자신과 손님의 연령 차이는 중요하지 않다. 가족 관계 호칭어를 통해 친근함을 강조하는 것이 핵심이기 때문이다.

언제부터 이런 호칭어가 판매 영역에서 사용되었는지 정확히 알 수는 없지만 1984년 3월 26일 자 〈동아일보〉 기사를 보면 당시에 이미 판매 영역에서 이러한 호칭어가 사용되고 있음이 확인된다.*

기사에는 종각 지하상가에서 옷을 고르던 여자 대학생이 30대 정도 되는 가게 주인으로부터 "언니 들어와서 골라 봐"라는 말을 들어 기분이 언짢더라는 내용의 인터뷰가 실려 있다. 그 대학생은, 백화점은 안 그런데 보통 옷가게에 가면 손님을 보고 '언니'라고 부르며 반말을 하는 경우가 많아 불쾌하다고 했다.

기사에는 해당 상가의 가게 주인과의 인터뷰 내용이 이어서 실려 있다. 32세의 김모 부인으로 표기된 주인은, 손님이라는 말보다 '언니'라는 말이 훨씬 친근하기 때문에 그렇게 부른다며 남들도 다 그러는데 뭐가 문제냐고 반문한다.

'언니'라는 호칭어가 쓰이는 가장 어색한 장면은 식당에서 중년의 남성이 식당의 여성 종업원을 부르는 경우다. 주로 이들은 '언니'를 넘어 '언니야'라고 하는데 이 호칭어는 언뜻 봐서는 정말 이상하기 짝이 없다. 성별도 맞지 않고 나이도 맞지 않으니 말이다. 중년 남성들의 이 호칭어에 식당 여성 종업원들은 불쾌하기 짝이 없어 한다. 그 이유는 '언니'라는 말이 술집의 여성 종업원을 칭하던 데서 기원했기 때문이다. 술집에서 술 시중을 하는 여성 종업원들을 술집 주인이 '언니들'이라고 표현했고 이 표현을 따라서 술집을 찾은 손님들도 이들을 '언니'라고 부른 데서 기원했기 때문이다.

호칭어가 듣는 사람을 불쾌하게 만든다면 굳이 호칭어를 쓸 이유가

● 〈오빠는 「형」 누나는 「언니」로… 이상한 호칭 시대〉, 동아일보, 1984.03.26.

없을지도 모른다. 오히려 적절한 호칭어를 찾기 어렵다면 '저기요, 여기요'를 사용하는 것이 더 나을 수도 있다. 실제로 2017년 국립국어원의 실태 조사에서도 낯선 사람을 부를 때 '저기요, 여기요'라고 부르는 비율이 가장 높은 것으로 나타났다.

다섯 번째 강의

가족 호칭에 숨은 불편한 진실

왜 부르면 부를수록 멀게만 느껴질까?

"

도련님, 아가씨, 처제, 처남, 장인어른, 장모님….
결혼을 통해 맺게 되는 새로운 가족 관계에서
부르고 불리는 말들.
이러한 가족 호칭어는 언제 만들어졌을까?

성(性)에 대한 차별과 불평등이 당연시되고,
여성이 결혼하면 출가외인이 되는 시대.
지금은 더 이상 유효하지 않은 세계관이다.
그럼에도 불구하고 우리는 이 말들을 계속 사용하고 있다.

언어 표현이 담고 있는 관점은
우리에게 자연히 스며들어,
우리의 생각을 부지불식간에 지배한다.

남녀평등의 시대를 지향하면서
성별 비대칭적인 관점, 가부장적인 관점이 깃든
언어 표현을 계속 사용해도 괜찮을까?

이제 가족 호칭어에도 '새로고침'이 필요하지 않을까?

"

● 아주 오래된 미래

1966년 2월 17일 자 〈동아일보〉에는 20대 여성으로 추정되는 독자의 기고문이 실려 있다. 서울시 성동구 도선동에 사는 미혼자로 자신을 밝힌 윤형연이라는 분의 기고문이다.

기고문은 7남매의 맏며느리가 된 친구가 오랜만에 친정으로 나들이를 와서 미혼의 친구들이 그 친구의 집에 모여 시집살이 이야기를 듣는 것으로 시작한다. 글쓴이는 특히 친구의 이야기 중에서 네 살짜리 시누이에게 '애기씨' 소리가 차마 안 나오더라는 얘기에 주목한다. 7남매의 맏이다 보니 형제 중 막내가 네 살이었던 모양이다.

친구의 이 말에 집에 모인 미혼의 친구들은 "어머, 그런 꼬마한테 뭘"이라는 반응을 보인다. 그리고 그 친구가 뭐라고 했는지를 궁금해한다. 그 친구는 "그래도 어떡하니, 누가 있을 땐

애기씨라고 그러고, 아무도 없을 땐 이름을 불렀지"라고 답한다.

그 친구의 이야기를 듣고 윤형연은 이 문제에 대해 생각해 본 적이 있다고 하면서 자신의 생각을 정리하여 친구들 앞에서 이야기한다. 결혼을 하면 새로운 가족 구성원이 되니 시부모님을 부모님처럼, 시동생들을 내 동생들처럼 사랑해야 하는데 하녀가 아닌 바에야 동생들에게 도련님이나 작은아씨라고 부르는 것보다는 이름을 불러야 하지 않을까 하는 얘기였다.

하지만 자신의 이런 생각에 대해 친구의 어머니는 "그 시고 떫은 소리들 말라. 우리도 다 그렇게 살아왔어"라는 반응을 보인다. 이에 대해 윤형연은, 우리 어머니들이 그렇게 살아온 것은 사실이지만 '작은아씨와 언니, 도련님과 아주머님처럼 불화가 생길 수도 있는 거리감이 있는 말을 사용하는 좋지 않은 풍습을 계속 본받을 필요가 있을까' 의문을 제기한다. 그리고 과연 자신의 이러한 생각이 친구 어머니의 말처럼 시고 떫은 여자의 생각인지 물으며 글을 마무리한다.

● 그 많던 '윤형연'은 어디에 있을까?

이 글은 무려 만 55년 전에 기고된 글이다. 그런데 이 글에 등장하는 20대 여성들은 모두 이구동성으로 남편 동생을 '아가씨', '도련님'이라고 불러야 한다는 데 문제의식을 공유하고 있다. 기고자의 당시 나이를 정확히 알 수는 없지만 기고 당시에 20세라고만 해도 기고자와 기고자의 친구들은 2021년 현재 75세가 되어 있을 것이다.

그런데 그 많던 '윤형연'은 어디로 간 걸까? 아직도 결혼 후 배우자의 동생들에게 사용해야 하는 '아가씨, 도련님'으로 대표되는 불평등한 가족 호칭어 문제가 명절 때마다 화제가 되고 있으니 말이다. 혹시 그들은 또 그런 세월을 살고 난 후에 며느리를 맞이할 때가 되어서는 친구의 어머니가 되어 있는 것은 아닐까? 친구 어머니처럼 '아가씨, 도련님'이라는 호칭어의 부당함을 이야기하는 며느리뻘의 젊은 여성들을 향해 "그시고 떫은 소리들 말라. 우리도 다 그렇게 살아왔어"라는 '나 때는 말이야'를 이어간 것은 아닐까? 정말 윤형연과 그 친구들의 생각은 친구 어머니의 말처럼 '시고 떫은 여자의 생각'인 걸까?

가족 호칭어에 숨어 있는 불편한 진실들을 깊이 있게 들여다 볼 필요가 있겠다.

● '저는 당신의 자녀입니다' 대 '저는 당신의 자녀가 아닙니다'

결혼을 하면 배우자의 가족들과 새로운 가족의 인연을 맺는다고 한다. 그래서 결혼은 두 남녀의 만남이 아니라 두 사람의 가족과 가족이 만나 새로운 가족을 이루는 일이라고들 한다. 그래서 결혼 후 배우자의 부모님을 자신의 부모님처럼 대해야 한다고들 하고, 내 자식의 배우자를 새로운 자녀로 맞이해야 한다고들 한다.

그런데 서로를 부르는 호칭어를 보면 흥미로운 점들이 발견된다. 우선 여성은 결혼을 해서 배우자의 부모님을 보통 '아버님, 어머님'이라고 부른다. 반면에 남성은 결혼을 해서 배우자의 부모님을 '장인어른, 장모님'이라고 부른다. 여성과 남성이 배우자의 부모님을 다른 방식으로 부르고 있다.

여성이 배우자의 부모님을 부르는 '아버님, 어머님'은 '아버지, 어머니'에 높임을 의미하는 접미사 '-님'을 붙인 말이다. 반면에 남성이 배우자의 부모님을 부르는 '장인어른, 장모님'이란 남자 어른과 여자 어른을 의미하는 말이다. 이 말에는 부모라는 의미가 들어 있지 않다.

이처럼 결혼한 여성은 배우자의 부모님에게 호칭어를 통해 '저는 당신의 자녀입니다'를 지속적으로 고백하는 반면에 결혼한 남성은 배우자의 부모님에게 호칭어를 통해 '저는 당신의 자녀가 아닙니다'며 지속적으로 선을 긋고 있는 것이다. 이러한 고백과 선 긋기는 놀랍게도 우리의 전통적인 사고방식을 그대로 담고 있다. 여성은 결혼을 하면 배우자의 가족에 편입되는 반면에 남성은 결혼을 하면 배우자의 가족과는 가족 관계를 이루지 않는다는 것이 우리의 전통적인 사고방식이었으니 말이다.

딸이 결혼을 해서 사위를 맞이했는데 사위가 꼬박꼬박 '장인어른, 장모님'이라고 부르는 것이 못내 서운했던 이유가 바로 여기에 있었던 것이다. 물론, 최근에는 사위도 '아버님, 어머님'이라고 부르는 경우가 많이 늘기는 했다. 하지만 조사 결과에 따르면 여전히 '아버님, 어머님'보다는 '장인어른, 장모님'이라고 호칭하는 비율이 더 높은 것으로 나타났다. 2017년 국립국어원의 '사회적 소통을 위한 언어 실태 조사'에 따르면 남성이 배우자의 아버지를 '장인어른'이라고 부르는 비율은 62.7퍼센트, '아버님'이라고 부르는 비율은 41.2퍼센트였고, 남성이 배우자의 어머니를 '장모님'이라고 부르는 비율은 조금 더 높아서 67.6퍼센트, '어머님'이라고 부르는 비율은 조금 더 낮아서 37.0퍼센트*였다.

● 해당 조사는 응답자에게 아내의 아버지나 어머니를 부를 때 해당 호칭을 사용하는지 사용하지 않는지를 묻는 방법으로 조사를 진행하였다. 따라서 두 가지 호칭을 다 사용하는 사람들은 두 호칭 모두에 '사용한다'라고 응답할 수 있으므로 비율의 합이 100퍼센트를 넘을 수 있다.

● 너는 이제 '신생아'란다

그렇다면 부모님들은 새로 자녀의 인연을 맺은 이들을 어떻게 부르고 있나?

결혼한 여성부터 보자. 여성들은 배우자의 부모님으로부터 '새아가, 아가, 며늘아가, 애야'와 같이 불린다. 결혼을 해야 진짜 어른이 된다고 하던 어른들이 아니었던가? 결혼한 여성들은 의아하기 짝이 없다. 결혼을 해야 진짜 어른이 된다고 하더니 막상 결혼을 하고 나니 어른으로 대접하기는커녕 '아기'가 되었다. 그것도 그냥 아기가 아니다. '새아가'라고 불리니 신생아가 된 것이다.

'아버님, 어머님'이라고 부르며 '저는 당신을 부모님이라고 생각합니다', '저는 당신의 자녀입니다'라고 계속 고백을 하는데 그 고백을 들은 분들은 다 큰 자식을 부르는 방법으로 부르지 않는다. '새아가, 아가, 며늘아가, 애야'라고 부르면서 '너는 새로 태어난 아기란다. 이제 모두 새로 배우거라'라는 메시지를 던져 주실 뿐이다.

만약 결혼을 해서 서로의 문화를 배우라는 의미에서 그렇게 부르는 거라면 여성의 부모님도 사위를 같은 의미에서 '새아가, 아가, 사위아가, 애야'라고 해야 할 텐데 그렇지 않다. 사위에게는 사위의 성에 '서방'을 붙인 'ㅇ 서방'이라고 한다. '장인어른,

장모님'이라고 부르며 '저는 당신의 자녀가 아닙니다'라고 선을 긋는 사위에게 배우자의 부모님도 남을 부르듯 거리를 두어 부른다.

여성과 남성은 부모님이 부르는 호칭어가 다르니 부모님으로부터 듣는 말 대접도 다르다. 여성은 배우자의 부모로부터 '너'라 불리며 해체나 해라체의 말을 듣는 것이 일반적이다. 반면에 남성은 배우자의 부모로부터 '자네'라 불리며 하게체의 말을 듣는다. 여성과 남성이 결혼 후 배우자의 부모님으로부터 다른 대접을 받고 있음이 호칭어를 통해 드러난다.

● 우리집 서열 최하위는 누구?

배우자의 동생을 부르는 말을 비교해 보면 더욱 더 큰 차이를 확인할 수 있다. 여성은 배우자의 동생들을 성별에 따라서 '아가씨, 도련님'이라고 부른다. 반면에 남성은 배우자의 동생들을 성별에 따라서 '처제, 처남'이라고 부른다.

'아가씨, 도련님'과 '처제, 처남'의 호칭어는 서로 다른 높임말을 이끄는 호칭어다. 호칭어로 말 대접이 달라진다. '아가씨, 도련님'은 존댓말을 이끄는 호칭어다. '아가씨, 이리로 오세요', '도련님 저리로 가세요'가 자연스럽지 '아가씨, 이리로 와', '도

런님 지리로 가'는 어울리지 않는다. 즉, '아가씨, 도련님'이라는 호칭어를 사용함으로써 동생들에게 자연스럽게 존댓말을 쓰도록 하고 있는 것이다.

반면에 '처제, 처남'은 반말을 이끈다. '처제 이리로 와', '처남 저리로 가'는 자연스럽지만 '처제 이리로 오세요', '처남 저리로 가세요'는 어색하다. '처제, 처남'이라는 호칭어는 '아가씨, 도련님'과는 달리 자연스럽게 반말을 사용하도록 하고 있다.

동생들은 어떻게 부르나? 동생들은 성별에 따라서 '언니, 형수님'이라고 부른다. 처음에는 '언니, 형수님'이라고 부르며 존댓말을 쓰던 동생들이 시간이 지나 친해지니 모두 반말이다. 여자 동생은 호칭은 그대로 둔 채 말끝(종결 표현)이 반말로 바뀌었고 남자 동생은 어느새 '형수님'에서 '님'자를 떼고 '형수'라고 부르며 반말이다.

친해졌으니 반말을 하는 게 뭐 대수일까. 본가 동생들과도 모두 반말을 하고 자랐으니 이상할 게 없다. 그런데 일방적이라는 것이 문제다. 한쪽은 아무리 친해져도 '아가씨, 도련님' 호칭에 변화를 줄 수 없다. 호칭어에 변화가 없으니 친해진다고 반말을 할 수 있는 게 아니다. 호칭어가 바뀌지 않는 한 반말을 들어도 꼬박꼬박 존댓말을 해야 한다. 말로만 보면 결혼한 여성은 시집 가족들 중에 서열이 가장 낮은 사람이다.

그런데 이런 서열은 어찌보면 당연한 것이다. 시부모님의 '새

아기'가 되었으니 결혼하자마자 시부모님의 자녀 중에서 가장 어린 막내 자녀가 된 것이니 말이다. 알고 보니 동생들은 사실 동생들이 아니었던 것이다. 결국 시부모님은 호칭을 통해 '너는 우리집 서열 최하위란다'를 지속적으로 말씀해 주고 계셨던 것이다.

그런데 사실은 동기간 서열 최하위도 아니었다. 동생들에게 '아가씨, 도련님'이라고 불러야 한다는 것을 보면 말이다. 동기 간을 부르는 호칭이 아니라 신분제가 없어진 지가 언젠데 하인 이 주인집 자녀를 부르는 말로 동생들을 부르고 있었으니 말이 다. 이러한 호칭을 통해 여성들은 결혼을 하면서 시집에서 정확 히 어떤 신분이 되었는지를 확인받게 된다.

만약 남성도 결혼을 통해 똑같은 신분상의 변화를 경험하게 된다면 그래도 그러려니 받아들일 수 있다. 결혼이 문제지 성별 이 문제가 아니니까 말이다. 하지만 남성은 배우자의 동생들을 주인집 아이들로 대접하지 않는다. '처제, 처남'이라고 부르기 때문이다. 그런데 이 호칭은 더 마음에 들지 않는다. '아가씨, 도련님'과는 달리 반말을 부르는 호칭어이기 때문이라서가 아 니다. 남편은 부모님을 부를 때도 '나는 당신의 자녀가 아닙니 다'라고 하더니 동생을 부를 때도 '너는 내 처의 여동생, 남동 생일 뿐이야'라고 선을 그으니 서운함이 더 크다.

● 가족 서열과 나이 서열의 역전

가족 호칭의 문제는 여기서 멈추지 않는다. 형제자매들이 결혼을 하면 상황이 더 심각해질 수 있다. 결혼을 통해 만들어진 가족 서열은 대체로 배우자를 중심으로 만들어지기 때문이다. 그런데 가족 서열과 나이 서열이 늘 일치하는 것이 아니라는 것이 문제다. 가족 서열과 나이 서열이 역전이 되는 경우 서로가 서로를 부르는 말을 중심으로 한 말 대접 때문에 가족 간에 갈등이 생기기도 한다.

가장 대표적인 것이 며느리 사이에서 벌어지는 호칭어 관련 갈등이다. 남편의 형이 결혼한 배우자의 나이가 자신의 나이보다 어린 경우 동서지간에 벌어지는 갈등이 대표적이다. 이때는 나이에 무관하게 남편의 서열을 따라야 한다는 것이 소위 '전통'이기 때문이다.

즉, 남편의 형이 자신보다 10살이든 20살이든 어린 여성과 결혼을 한다고 해도 여성 사이의 나이 서열은 중요하지 않다. 남편의 형이 결혼한 배우자는 나이와 무관하게 무조건 '형님'이 된다. 형님이라고 부르는 것이야 어차피 '아가씨, 도련님'이라고도 부르는 마당에 크게 문제가 되지 않을 수 있다. 하지만 더 큰 문제는 손위 동서랍시고 '동서'라고 부르며 만나자마자 반말을 하는 것이다. 부르는 말, 즉 호칭어는 말끝의 상대 존대를 결정하기 때문에 '동서'라고 부르면 해체나 해라체 혹은 아무리 높여도 하게체를 쓰며 하대를 하는 것이 한국어의 문법이다.

둘만의 문제라면 서로 터놓고 서로 편한 대로 부를 수도 있겠지만 가족 호칭어 문제는 당사자들 사이의 문제만이 아니라는 것이 문제다. 당장 남편 사이의 위아래가 존재하니 상대 배우자가 자신의 배우자를 존대 혹은 하대하는 것은 자신을 존대 혹은 하대하는 문제로 들릴 수 있다. 또한 부모 입장에서는 형제 사이의 위계를 강조하며 키워온 만큼, 결혼을 통해 그 위계가 손상되는 것을 그냥 두고 볼 수 없다. 둘의 문제가 아니라 가족 모두의 문제가 될 수밖에 없는 이유다.

남성의 경우도 마찬가지다. 결혼을 해서 아내의 오빠나 언니가 자신보다 나이가 한참 어린 경우 똑같은 문제가 벌어진다. 아내와 나이 차이가 많이 나는 경우에는 더욱 그럴 가능성이 높다. 이럴 경우도 아내의 가족 내 서열에 따라야 한다. 아내의 오빠에게는 '형님', 아내의 언니에게는 '처형'이라고 불러야 한다. 한참 어린 아내의 오빠에게 '형님' 소리가 나오지 않는다면 문제가 될 수 있다.

하지만 남성의 경우는 여성의 경우보다 이런 상황을 피하기가 훨씬 쉽다. 확대된 가족 모임은 남성 가족을 중심으로 이루어지기 때문이다. 여성의 가족 모임은 불편한 사람이 온다면 안 가도 그만이다. 반면에 여성의 경우는 피하기가 쉽지 않다.

그런 상황을 피하기 위해 치러야 하는 비용에 있어서 여성과 남성은 큰 차이가 있다.

● **가족 호칭어에 주목해야 하는 이유**

'그까짓 호칭이 뭐라고!'라고 생각할 수도 있다. 하지만 호칭어, 특히 가족 호칭어 문제는 단순한 문제가 아니다. 가족의 행복을 좌우하는 문제이기 때문이다. 우리는 모두 행복한 가족을 바라고 꿈꾼다. 그렇다면 행복한 가족은 어떤 가족일까?

물론, 행복한 가족이 어떤 것이라고 한마디로 정의하기란 쉽지 않다. 사람마다 생각이 다를 수 있을 테니 말이다. 하지만 행복한 가족의 한 가지 공통점은 쉽게 발견할 수 있다. 행복한 가족이 지닌 공통점은 바로 '소통'이다.

행복한 가족은 가족 사이에 소통이 잘 이루어진다. 만나면 여러 가지 이야기들을 서로 주고받으며 도란도란 이야기꽃을 피운다. 가족 구성원들이 서로 만나는 데 부담을 느끼지 않는다. 언제든지 '모이자' 하면 모임이 되고, 모임에 함께하지 못하는 것을 아쉬워한다. 문제가 생겨도 서로 소통해서 함께 해결해 간다. 행복한 가족은 이렇게 '소통이 원활한 가족'이라는 공통점을 지닌다. 소통이 원활하려면 기본적으로 서로 말을 해야 한다. 말을 하지 않는데 소통이 원활할 수는 없다.

서로 말을 하려면 서로를 불러야 한다. 그런데 앞 장에서 이야기했던 것처럼 한국어는 공손한 장면에서 너를 너라고 부르기 어려운 몇 안 되는 언어라서 상대와 이야기하기 위해 '너'를 대신할 호칭어가 필요한 특징이 있다. 그리고 한국어의 높임법은 호칭어와 이 호칭어가 이끄는 말끝으로 실현된다.

그런데 호칭어가 불편하다면? 그리고 그 호칭어가 이끄는 높임의 정도가 공평하다고 생각되지 않아 마음에 들지 않는다면?

당연히 서로 말하는 것이 불편해질 것이다. 말하는 것이 불편해지면 말하는 것을 꺼리게 된다. 서로 말하는 것을 꺼리게 된다면 서로 만나려 하지 않을 것이다. 만나면 말을 해야 하고 말을 하려면 호칭어를 쓰지 않을 수 없다. 물론, 호칭어를 안 쓰고 그럭저럭 말을 한다고 해도 말끝은 맺어야 한다. 말끝을 맺으려면 높임의 정도를 표시해야 하니 말끝을 흐릴 수밖에 없다. 그것도 한두 번이지 계속 말끝을 흐릴 수는 없어 영 불편하다. 그러니 서로 만나는 기회를 가급적 줄이려 애를 쓰게 된다.

하지만 아무리 애를 써도 피할 수 없는 가족 모임은 있게 마련이다. 명절이 대표적이다. 핵가족이 일반화되어 평소에는 모이지 않던 가족도 명절이 되면 모이게 된다. 피할 수 있는 한 피해왔던 불편한 관계가 어쩔 수 없이 다 모일 수밖에 없으니, 그

날은 평소 잠재되어 있던 갈등의 씨앗이 확인되고 발현되는 기회가 된다.

남성의 가계를 중심으로 모이게 되는 가부장적인 명절 풍속이 낳은 명절 증후군 중 하나가 가족 호칭 문제가 되는 이유가 바로 여기에 있다. 지난 몇 년간 명절 때마다 가장 많이 소비되는 기사 중 하나가 성별 비대칭적인 가족 호칭의 문제라는 것을 통해 이를 확인할 수 있다.

특히, 명절에는 직계 가족들만의 모임에서 끝나지 않는다. 제사를 지내는 집이라면 시아버지의 형제들과 그 배우자들이 그리고 그들의 자녀들이 모두 모이게 된다. 이제 가족 호칭어 문제는 직계 가족의 테두리를 넘어서게 된다.

집안이 어떻다 전통이 어떻다는 훈수를 두는 남편 본가 어른들 속에서 '새아가, 아가, 며늘아가'는 그야말로 '아기'와 같은 마음을 갖지 않으면 버티기가 힘들다. 노동에 있어서도 성불평등하고 성별 비대칭적이라는 문제를 눈앞에서 지켜보며 몸으로 체험 중인데, 말까지 지적을 받으며 좋은 소리를 듣지 못하니 속이 그야말로 부글거린다.

하고 싶은 말은 많지만 그 말을 다 했다가는 어떤 일이 벌어질지 뻔하니 참을 수밖에 없다. 그 자리가 즐거울 리가 없다. 시간이 가기만을 기다릴 수밖에 없다. 이런 감정이 한 번 두 번 쌓이면 온갖 핑계를 대면서 명절은 물론 남편 본가 모임에 참석하지 않으려 한다. 다 이유가 있는 '거리 두기'였던 것이다.

● 가족 호칭어는 왜 달라지지 않을까?

가족 호칭어 문제에서 우리는 다음의 세 가시에 주목할 필요가 있다. 첫째, 가족 호칭어가 모두 다 문제가 되는 것은 아니라는 점이다. 둘째, 문제가 되는 호칭어는 대부분 결혼으로 인해 새 가족이 된 여성과 관련이 있는 호칭어라는 점이다. 셋째, 1966년 가족 호칭어 문제에 공감했던 20대들이 지금은 70대가 되었음에도 불구하고 아직도 가족 호칭어를 둘러싼 문제가 세대 간 갈등 요소로 이어지고 있다는 점이다.

아마 모든 가족 호칭어가 다 문제였다면 변화는 더 빨리, 그리고 쉽게 이루어졌을 것이다. 모두의 문제라면 공감대를 얻기가 쉬우니 말이다. 하지만 문제가 되는 가족 호칭어는 대부분 결혼으로 새로 가족의 구성원이 된 여성이 사용하는 호칭어와 주로 관련이 있다. 문제의 당사자가 일단 수적으로 소수다. 게다가 그들은 변화를 주도할 만한 가족 내 권력을 가진 존재가 아니다. 이런 상황에서 힘이 없는 개인이 할 수 있는 가장 쉬운 선택은 가정의 평화를 위해 불편함을 스스로 감당하는 것, 아니면 불편함을 회피하는 것이다. 목소리를 내는 순간 가정의

평화가 깨진다는 것은 불 보듯 뻔하다.

그런데 문제는 말이란 문제의식을 갖기 어려운 존재고 문제 의식을 갖는다고 해도 지속적인 사용을 통해 익숙해져서 입에 붙어버리게 되면, 즉 습관화되면 문제의식이 희석된다는 데 있다. 가족 호칭어 역시 사용해야 하는 시작점에서 느꼈던 불편 감은 지속적인 사용을 통해 입에 붙게 되면서 문제의식이 사라진다.

더욱이 나이가 들수록 가족 호칭어의 불편함은 더 이상 자신의 문제가 아닌 것이 되어 버린다. 문제의식을 가졌던 젊은 여성은 이제 새 가족을 맞이하는 중년의 여성이 되어 가기 때문이다. 관계의 역전 현상이 일어나는 것이다. 중년의 여성은 자신이 의식하지 못하는 사이에 이제 기득권자가 되어 앞서 언급했던 55년 전 기사의 친구 어머니처럼 "그 시고 떫은 소리들 말라. 우리도 다 그렇게 살아왔어"라고 이야기하는 권력자가 된다.

그리고 그 권력자들은 문제를 제기하는 젊은 여성들을 두고 '호칭이 뭐라고 그 난리들이냐. 그냥 불러주지, 그게 뭐 어려운 가? 불러주는 데 돈이 들어, 입이 고장 나? 은근히 우리 집안을 무시해서 저러는 거 아냐? 그럼 왜 결혼했어? 결혼하면 당연히 그렇게 불러야 하는데 말이야. 나도 다 그렇게 부르며 살았는데 문제가 없잖아. 요즘 애들이란!'이라며 혀를 찰지도 모른다.

이처럼 가족 호칭어 문제는 누구에게는 자신의 문제가 아니라서 무관심할 수밖에 없고 누구에게는 자신의 문제임에도 불구하고 문제를 자각하기 어렵다. 문제를 자각한다고 해도 문제의 당사자가 문제제기를 할 수 있는 위치가 아니다. 그리고 시간이 갈수록 습관이 되어 문제의식은 흐려지게 된다. 게다가 더 시간이 지나면 이제는 남의 문제가 되어 버린다. 이것이 바로 오랫동안 불편함의 고리가 쉽게 끊어지지 않았던 이유다.

● 불편하다는 당신에게

어떤 표현이 불편하다고 호소하는 사람들에게 즉각적으로 공감을 하는 것은 결코 쉬운 일이 아니다. 사람들의 일반적인 태도는 공감보다는 거부감이다. 사람들의 일반적인 반응은 네 가지 정도로 요약할 수 있다.

첫째, 그렇게 부른다고 그런 뜻이 아니다. 둘째, 그렇게 배웠으니 그렇게 써야 한다. 셋째, 뭐 그렇게 예민하게 구느냐. 넷째, 별것도 아닌 것 가지고 문제를 만든다. 그리고 덧붙여 가족 호칭어 문제에 대해서는 한 가지가 더 있다. 다섯째, 우리의 전통인데 전통을 무시하는 것인가! 전통은 지켜야 한다.

우선, 그렇게 부른다고 그런 뜻이 아니라는 말은 그 표현이 문제가 되는 뜻을 담고 있다는 것을 인정한다는 말이다. 그렇다면 좀 불편해도 더 그 뜻에 맞는 말로 바꾸는 것이 더 옳은 태도일 것이다. 새로고침에 드는 비용이 너무 크다고 생각해서, 즉 나의 불편함 때문에 옳다고 생각하는 것을 실천하지 않는 것은 문제가 아닐까?

그렇게 배웠으니 그렇게 써야 한다면 우리는 왜 그간 우리의 세계관을 담지 못하는 그 많은 표현들을 새로고침해 왔을까? 우리는 그렇게 배웠지만 다음 세대에게는 그렇게 가르치지 않기 위해 잠시의 불편함을 감내했던 우리의 노력은 무의미한 것이었을까? 우리가 지양하는 세계관에서 벗어나 우리가 지향하는 세계관이 반영된 표현으로 고쳐가기 위해 우리는 그간 많은 표현들을 바꿔왔다.

가장 대표적인 예로 '국민학교'를 '초등학교'로 새로고침했던 일을 들 수 있다. 일제강점기였던 1941년 일본왕의 칙령으로 '소학교'는 '국민학교'가 되었다. 일본은 국가주의를 강화할 목적으로 '황국신민의 학교'라는 의미를 담아 '국민학교'라는 이름을 붙인 것이다. 일제강점기가 끝나고도 한참 동안 우리는 '국민학교'라는 이름을 새로고침하지 못하고 그대로 사용했었다. 하지만 1996년 드디어 그 부끄러운 이름에서 벗어나자는 목소리가 힘을 얻어 '국민학교'는 하루아침에 '초등학교'가 되었다. 우리는 모든 불편함을 극복하고 부끄러운 이름을 새로고침한 것이다.

가부장적이고 불평등한 세계관이 우리가 지향해야 할 세계관이 아니라면 우리는 그런 세계관이 담긴 표현들을 새로고침해서 우리 다음 세대에게 가르쳐 물려 줄 의무가 있다.

예민하게 구는 것은 어려운 것이지 하지 말아야 할 것은 아니다. 언어는 사용을 통해 습관화되면서 감수성이 무뎌지는 특성이 있는 만큼, 감수성을 가지고 예민하게 반응하는 것은 남들이 갖지 못한 능력을 가진 것이다. 대부분이 못 짚은 것을 대신 짚어준 것이니 칭찬하고 고마워해야 할 일이지 비난하고 조롱해야 하는 일은 아니다.

별것도 아닌 일로 문제를 만드는 것이라면 별것도 아닌데 그 요구를 들어주면 되지 않을까? 별것도 아닌 일이라고 이야기하며 요구를 들어주지 않는 것은, 역설적으로 별것이라고 생각하기 때문에 들어주지 않는 것은 아닐까 심각하게 생각해 봐야 한다.

우리의 전통이니 무시하지 말고 지켜야 한다는 이야기가 가족 호칭어 문제에서는 꼭 등장한다. 그런데 불평등과 차별의 세계관에 기반한 전통도 전통이니 지켜야 하는 것인지 질문을 던져야 한다. 그렇다면 왜 대한민국은 오랜 군주제의 전통을 지키지 않고 민주주의의 전통을 새로 세웠을까? 또 왜 우리는 오랜 신분제의 전통을 지키지 않고 인권과 평등을 이야기하고 있는 것일까? 만약 우리의 전통이 성차별적 세계관을 받아들이지 않고서는 지킬 수 없는 것이라면 그 전통은 지켜내야 할 가치가 있는 것일까? 전통이니 지켜야 한다면 이런 질문에 설득력 있는 답변을 먼저 제공해야 한다.

● **추구하는 가치가 담긴 언어를 위해**

그런데 가족 호칭어 문제는 그냥 가족 내에서 알아서 해결해야 할 문제는 아닐까? 어떤 사람들은 가족 호칭어가 뭐라고 그렇게 문제를 삼는가 의아해하기도 한다. 가족 호칭어 문제에 대해 목소리가 나오면 어떤 사람들은 불편함을 표현한다. 가족 내에서 알아서 할 일을 가지고 왜 사회적으로 떠들어대느냐고 말이다.

하지만 언어는 개인이 바꾸어야 하는 것이지만, 개인적으로 바꿀 수 있는 것은 아니다. 언어는 사회적 약속이기 때문이다. 언어는 사회적 합의가 없이는 절대로 변하지 않는다. 하지만 사회적 합의가 이루어진다면 하루아침에도 바꿀 수 있는 것이 언어다. 하루아침에 우리는 국민학교를 초등학교로 바꾸었고, 간호부를 간호원으로 그리고 간호원을 다시 간호사로 바꾸어 왔다. 이렇게 사회적 합의를 통해 일제강점기의 잔재를 언어에서 걷어 내왔고 차별과 불평등의 언어를 지속적으로 새로고침해 가고 있다.

이제는 가족 호칭어에 숨어 있는 불평등과 차별의 요소를 걷어 낼 때다. 가족 호칭어 문제에 대한 문제의식은 일상의 차별에 대한 감수성을 높여 줄 것이고, 더 행복하고 평등한 가족 문화를 만드는 기반이 될 것이다. 우리의 후세들이 인권과 평등의 가치를 최고의 가치로 둔 대한민국에서 살기를 원한다면, 가족 안에서 사용되는 매일매일의 언어 표현이 인권을 존중하고 평등의 가치를 담고 있어야 하지 않을까 생각해 볼 필요가 있다.

일곱 번째 강의

'외국인'은 누구인가?

언어로 준비하는 대한민국의 미래

66

'편견과 차별에서 벗어나야 한다.'
'다양한 관점을 존중해야 한다.'
모두 맞는 말이다. 그렇다면 어떻게 해야
고정관념에서 벗어나서 생각할 수 있을까?

먼저 우리가 사용하는 언어 표현부터 돌아봐야 한다.

우리가 무언가를 연상하면서 떠올리는 단어들,
그 단어들 속에 어떤 고정관념이 담겨 있는지
우리는 어떤 의도를 지니고
그 단어들을 사용하는지 점검해야 한다.

듣는 사람을 불편하게 만들지는 않는지
언어 표현의 대상자도 고려해야 한다.

'외국인.'
이 단어를 떠올리면 어떤 사람들이 그려지는가?
그 사람의 어떤 점이 이 단어를 연상시켰는가?

99

● 외국인의 페르소나

필자가 재직하고 있는 고려대학교 국어국문학과에는 미국 국적을 가진 교수가 한 명 있다. 제프리 할러데이(Jeffrey Holliday) 교수다. 연구 영역도 유사하고 공동으로 지도하는 학생들도 많아서 만나면 할 얘기가 늘 많다.

할러데이 교수와 이야기를 나누다 보면 너무나 익숙해서 보이지 않던 것들이 새롭게 보이는 경우가 많은데 이 또한 함께하면 즐거워지는 이유다. 사실 '외국인'이라는 단어에 대해 깊이 있게 생각하게 된 계기도 바로 할러데이 교수와의 이야기를 통해서였다.

그날은 여름 방학을 앞둔 덕분에 조금은 여유가 있어서 우리가 좋아하는 곳으로 커피를 마시러 갔다. 그곳에서 할러데이 교수는 한국 사람들이 흔히 사용하고 있는 '외국인'이라는 단어가 매우 흥미롭다는 이야기를 꺼냈다. 한국 사람들은 흔히 '외국인'이라는 단어를 세 가지 의미로 사용하는 것 같다고 했다. 대한민국 국적을 가지지 않은 사람, 한민족이 아닌 사람, 한국어가 모국어가 아닌 사람.

특히 한국 사람들은 외적으로 드러나는 민족적 정체성, 즉 외모를 가지고 외국인인지 아닌지를 판단하는 경향이 있는 것 같다고 했다. 외모가 일반적인 한국 사람과 다르면 쉽게 '외국인'이라고 판단해 버린다는 것이다.

이어서 그는 한국 사람들이 가지고 있는 외국인에 대한 고정 관념 중에 흥미로운 것이 '외국인은 영어를 할 줄 안다', '외국인은 한국어를 못한다'는 것이라고 하면서 자신의 경험을 이야기했다.

● 내국인만 보세요

경주에 가서 여행 정보를 얻으러 관광 안내소를 들렀을 때였다고 했다. 안내소에 들어가니 안내 책자가 구비되어 있는데 안내 책자의 구분이 흥미로웠다는 것이다. 안내 책자가 '내국인용'과 'for foreigner'로 나뉘어 진열되어 있었기 때문이라고 했다.

'내국인용'이라고 표시된 곳에는 한국어로 된 안내 책자가 진열되어 있었고, 'for foreigner'라는 표지가 붙어 있는 곳에는 한국어가 아닌 다른 언어로 된 안내 책자가 놓여 있었다고 했다.

자신은 한국어로 된 안내 책자가 어떻게 되어 있는지 궁금해서 한국어 책자를 집고 싶었다고 했다. 그런데 그 안내 책자는 '내국인용'이라고 쓰여 있는 곳에 진열되어 있어서 집을 수가 없었다는 것이다. 자신은 내국인, 즉 한국인이 아니니 말이다. 그래서 '내국인용'이라고 쓰여 있는 문구가 마치 '당신은 이 안내 책자를 집을 수 없어요'라고 말하는 것 같았다고 했다.

할러데이 교수의 경험을 들으면서 신선한 충격을 받았다. 그 이야기를 듣기 전에는 안내 책자의 구분이 어떻게 되어 있는지를 관심 있게 보지 않았기 때문이다. 이야기를 끝내고 연구실로 돌아와서 관광 안내소의 이미지 검색을 해 보니 할러데이 교수가 말한 대로 안내 책자가 '내국인용'과 'for foreigner'로 구분되어 있는 모습을 확인할 수 있었다. 할러데이 교수가 말한 대로 한국어로 된 것은 '내국인용'이라고 표시된 곳에 진열되어 있었고, 한국어 이외의 언어로 된 것은 'for foreigner'라고 적혀 있는 곳에 언어별로 정리되어 있었다.

할러데이 교수의 이야기를 듣고 검색된 이미지를 보니 갑자기 그렇게 나뉘어 진열되어 있는 모습이 몹시 낯설고 이상해 보였다. 그리고 이런 질문이 머리에 떠올랐다.

한국어를 못하는 내국인은 내국인이 아닌가? 또 영어를 못하는 사람은 'for foreigner'를 보면서 어떤 생각을 할까? 안내책자의 분류 기준이 왜 국적이 되어야 할까? 안내 책자의 분류 기준은 언어가 되어야 하지 않을까? 그냥 언어별로 분류해 두면 안 되나?

이런 질문을 하다 보니 원점으로 돌아가 왜 관광 안내소 안내책자의 분류 기준이 언어가 아니라 국적이 되었을까에 대해 생각해 보게 되었다.

● 공급자 중심의 분류 기준

안내 책자를 만들어 관광 안내소에 비치하는 일은 그 자체로 친절을 베푸는 일에 속한다. 그러니 사용자들에게 소외감을 주기 위해 의도적으로 그런 분류를 했을 리는 없다. 오히려 그냥 비치하지 않고 '내국인용'과 'for foreigner'라고 분류하여 비치한 것은 나름대로 사용자들의 편의를 고려한 행위였을 가능성이 높다.

하지만 사용자들이 사용하면서 소외감을 느꼈다면 소외감을 주고자 하는 의도가 없었다고 해도 절대로 변명이 되지 못한다. 그런 소외감을 갖게 만든 이유는 사용자의 관점으로 접근하지 않고 공급자의 관점으로만 생각한 결과이기 때문이다. 안내 책자를 '내국인용'과 'for foreigner'라고 분류한 것은 전적으로 공급자의 관점만을 반영한 것이다.

왜 그런지 안내 책자를 만들어 제공하는 사람의 관점을 따라가 보자.

안내 책자를 제공하는 사람은 안내 책자를 만들면서 내국인뿐만 아니라 외국인들도 읽을 수 있게 다양한 언어로 안내 책자를 만들어야겠다고 생각했을 것이다. 내국인을 위해서는 한국어 책자를 만들면 될 것이고, 외국인을 위해서는 외국인 관광객의 요구가 많은 언어부터 점차로 수를 늘려가며 안내 책자를 만들어 비치해야겠다고 생각했을 것이다.

그리고 이렇게 내국인용과 외국인용의 안내 책자를 만들었으니 잘 알아볼 수 있도록 이를 알리는 표지판도 만들어야겠다고 생각했을 것이다. 그리고 내국인을 위해 만든 한국어 안내 책자는 내국인을 위해 만들었으니 '내국인용'이라는 표지를 붙이고 외국인을 위해 만든 안내 책자는 한국어로 쓰면 모를 테니 국제어적 성격이 강한 영어로 'for foreigner'라고 친절하게 써서 안내해야겠다고 판단했을 것이다.

하지만 이 모두는 안내 책자를 만들어 공급하는 사람들의 관점만이 담겨 있어서 사용자의 관점을 고려하지 못하게 된 것이다.

● 사용자 중심의 분류 기준

안내 책자를 집어 드는 사람의 관점, 즉 사용자의 관점으로 바라보면 완전히 다른 이야기가 된다. 사용자의 배경은 예상보다 훨씬 다양할 수 있고 다양한 배경을 가진 사람들은 저마다 다른 관점을 가지고 있기 때문이다.

만약 사용자가 한국어가 편한 내국인이거나 영어가 편한 외국인이라면 '내국인용'과 'for foreigner'의 분류는 크게 문제가 되지 않을 수 있다. 하지만 내국인 중에는 한국어가 익숙하지 않아서 다른 언어의 안내 책자를 읽고 싶어하는 사람도 있을 수 있고, 한국어가 익숙하지만 다른 언어로 된 안내 책자를 읽고 싶어하는 사람도 있을 수 있다. 또, 외국인 중에는 영어를 전혀 몰라서 'for foreigner'라고 쓰인 안내판이 무슨 뜻인지 전혀 이해할 수 없는 사람도 많고, 할러데이 교수처럼 한국어에 익숙해서 한국어로 된 안내 책자가 읽고 싶은 사람도 있을 것이다.

그러니 사람에 따라서는 관광 안내소에 비치된 안내 책자의 분류 표시를 보면서 자신의 상황에 따라서 '한국어에 익숙하지 않은 당신은 한국 사람이 아닙니다', '내국인이 아니라면 한국어 안내 책자를 가져가서는 안 됩니다', '외국인이라면 당연히 영어를 알아야죠', '영어를 못하는 외국인은 우리에게 외국

인이 아닙니다. 그러니 당신은 우리의 고려 대상이 아닙니다'
등등의 목소리가 함께 들려서 마음이 불편했을 수도 있다.

이렇듯 사용자들의 관점을 고려하여 안내 책자를 비치했다
면 '내국인용', 'for foreigner'와 같이 구분하지는 않았을 것임
을 확인할 수 있다.

만약 사용자들의 관점으로 안내 책자를 분류했다면 사용자
들이 읽고 싶은 언어를 기준으로 분류했을 것이다. 언어별로
분류한다면 특별한 표시가 없어도 사용자들은 쉽게 원하는 언
어로 된 안내 책자를 편한 마음으로 자유롭게 가져갈 수 있을
것이다. 안내 책자의 분류 기준은 '언어'지 '국적'이 아니기 때
문이다.

아주 간단명료하다!

● '외국인'의 사전적 의미

이야기를 진전하기 전에 '외국인'이라는 단어의 뜻부터 정확
히 알아볼 필요가 있겠다. 외국인이라는 단어와 비교하기 위해
'내국인'이라는 단어도 함께 찾아보았다. 국립국어원에서 간행
한《표준국어대사전》에는 이 두 단어가 다음과 같이 풀이되어
있다.

'외국인'의 사전적 의미

가. 외국인 ① 다른 나라 사람.

② 《법률》 우리나라의 국적을 갖지 않은 사람. 법률상의 지위
는 원칙적으로 한국인과 동일하지만 참정권, 광업 소유권, 출
입국 따위와 관련된 법적 권리에서는 제한을 받는다.

나. 내국인 자기 나라 사람을 다른 나라 사람에 상대하여 이르는 말.

위에서 보인 것처럼 사전에는 '외국인'이라는 단어의 일상적
인 의미와 법률적인 의미가 함께 소개되어 있다. 외국인은 일상
적인 의미에서는 '다른 나라 사람'이라는 뜻을, 법률적인 의미
에서는 '대한민국의 국적을 갖지 않은 사람'이라는 뜻을 가지
고 있다. 한편, 내국인이란 외국인을 전제한 말로 다른 나라 사
람에 대해 자기 나라 사람을 지칭할 필요가 있을 때 사용하는
말임을 알 수 있다.

이처럼 외국인의 뜻풀이 어디에도 외모나 모국어에 대한 언
급은 없다. 일상적으로나 법률적으로나 외국인인지 아닌지를
가르는 기준은 대한민국 국적의 소지 여부다.

● '외국인 주민'은 누구일까?

그럼 이제 공공언어에서 '외국인'이라는 단어가 사용된 예를 통해 대한민국 정부가 다양한 배경을 가진 국민을 대한민국 국민으로 받아들일 준비가 어느 정도 되어 있는지를 알아보자.

행정안전부는 통계청의 인구주택총조사 자료를 바탕으로 매년 11월 1일 기준 '지방자치단체 외국인 주민 현황'을 발표한다. 언론은 매년 행정안전부의 해당 보도자료를 바탕으로 외국인 주민의 수가 총 몇 명인지, 총인구수의 몇 퍼센트인지, 전년에 비해 얼마나 증가했는지 앞다투어 기사를 쏟아낸다. 그런데 언론을 통해 접한 행정안전부의 외국인 주민 통계 자료를 보면서 상식적으로 이해가 되지 않는 점을 발견하고 의아한 생각이 들어 찾아보기 시작했다.

다음에 보인 표는 2019년 지방자치단체 외국인 주민 현황에 대한 행정안전부의 보도자료에 제시된 것이다.

상식적으로 생각할 때 외국인 주민 통계에 포함되는 주민은 외국인이어야만 한다. 그런데 표에는 외국인 주민의 유형으로 '한국 국적을 가지지 않은 자' 외에도 '한국 국적 취득자'와 '외국인 주민 자녀(출생)'를 포함하고 있다. 분류된 범주의 하나가 '한국 국적을 가지지 않은 자'라는 것은 나머지 범주는 자연히 한국 국적을 가진 자라는 것을 의미한다.

(단위: 명)

구분	외국인 주민 합계			한국국적을 가지지 않은 자						한국 국적 취득자	외국인 주민 자녀 (출생)
	계	남	여	계	외국인 근로자	결 혼 이민자	유학생	외국국적 동 포	기 타 외국인		
2019	2,216,612	1,184,176	1,032,436	1,778,918	515,051	173,882	160,610	303,245	626,130	185,728	251,966
	구성비	(53.4%)	(46.6%)	(80.3%)						(8.4%)	(11.4%)
2018	2,054,621	1,098,135	956,486	1,651,561	528,063	166,882	142,757	296,023	517,836	176,915	226,145
	구성비	(53.4%)	(46.6%)	(80.4%)						(8.6%)	(11.0%)

* 기타외국인은 외국인 근로자, 결혼이민자, 유학생, 외국국적 동포에 해당되지 않은 체류자격을 포함.

출처_ 행정안전부

　　실제로 '한국 국적 취득자'는 한국 국적자임이 너무나 분명
하고 '외국인 주민 자녀' 또한 통계설명자료에서 용어 조회를
해 보면 '외국인 또는 귀화한 자의 자녀로서 국적법 제2조(출생
에 의한 국적취득)에 따라 출생과 동시에 한국 국적을 취득한 자'
라고 되어 있는 만큼, 대한민국 국적을 가진 사람이다. 심지어
'외국인 주민 자녀'는 출생과 동시에 한국 국적을 취득한 사람
이다. 즉, '한국 국적 취득자'와 '외국인 주민 자녀'는 모두 사실
은 대한민국 국적자임을 알 수 있다. 그렇다면 이들은 결코 외
국인일 수가 없다. 외국인이란 앞서 살펴보았던 것처럼 대한민
국 국적을 갖지 않은 사람을 의미하기 때문이다.

　　결국, 행정안전부가 발표한 외국인 주민 통계는 그 표현을 통
해 엄연한 대한민국 국적자를 외국인으로 만들어버리고 있었

다. 한국 국적 취득자, 즉 귀화자와 출생과 동시에 한국 국적을 취득한 대한민국 국민을 한국 국적을 가지지 않은 자, 즉 외국인과 묶어서 '외국인 주민'이라고 칭하면서 말이다. 행정안전부의 논리대로라면 귀화자와 외국인 주민 자녀는 '대한민국 국적 외국인'이라는 형용모순에 빠지게 된다.

● **내가 왜 외국인 주민일까?**

이렇게 하나하나 따져 보니 외국인 주민 통계 자료에 제시되어 있는 외국인 주민 중에는 외국인이 아니라 대한민국 국적자인 대한민국 국민이 다수 포함되어 있음을 알 수 있다. 일부는 원래 외국인이었지만 대한민국 국적을 취득하여 더 이상 외국인이 아닌 사람이고, 일부는 나면서부터 대한민국 국적을 가졌기 때문에 한 번도 외국인이었던 적이 없는 사람이다.

즉, 행정안전부 자료에서 말하는 '한국 국적 취득자'와 '외국인 주민 자녀'는 모두 통계를 내는 시점에 외국인이 아니라 대한민국 국민이었다. 그럼에도 불구하고 이들은 매년 외국인 주민 통계를 낼 때 외국인으로 분류되어 왔던 것이다. 특히, '외국인 주민 자녀'라고 분류된 사람들은 대한민국 국민으로 태어났음에도 불구하고 그 부모의 과거 혹은 현재의 국적 때문에 외국인 주민의 범주로 분류되어 '외국인 주민'이라는 이름표를 달고 있었던 것이다.

외국인 주민 현황 자료의 분류 기준을 확인하고 얼굴이 화끈했다. 부끄러움과 미안함을 느끼지 않을 수 없었기 때문이다. 정부가 매년 발표하는 통계 자료를 대하면서 대한민국 국적자임에도 불구하고 외국인으로 분류되는 사람들이 느꼈을 차별과 소외감에 대해 우리 사회가 감수성을 갖지 못했던 것이 몹시 부끄러웠다.

대한민국 국적자인 귀화자, 그리고 귀화자의 자녀, 혹은 결혼 이민자의 자녀는 엄연한 대한민국 국민이다. 따라서 외국인 주민으로 분류되어서는 안 된다. 만약 정부가 이들에게 어쩔 수 없이 대한민국 국적을 주었지만 이들을 절대로 대한민국 국민으로 인정하지 않겠다는 의지를 표명하기 위해 그런 표현을 쓴 것이 아니라면, 이들을 외국인 주민 통계에서 바로 빼야 한다. 그런데도 만약 이들을 외국인 주민 통계에서 빼지 않는다면 이는 헌법 정신을 훼손하는 것이다. 이들도 엄연한 대한민국의 주권자이기 때문이다.

만약 굳이 이들을 다른 대한민국 국민과 분리를 해야만 할 필요가 있다면 이들은 외국인이 아니라 내국인, 즉 대한민국 국민의 범주 안에서 분류가 이루어져야 한다. 이들이 지금처럼 외국인 주민 통계에 들어간다는 것은 명백한 오류이거나 다른 의도가 있다고밖에는 볼 수 없다. 오류여도 안 되고 의도여도 안 된다.

아무런 문제 제기 없이 매년 통계자료가 똑같은 분류 방법으로 제시되어 있다는 것이 놀라울 뿐이다. 특히 태어나면서 대한민국의 국적을 취득한, 귀화자나 결혼 이민자의 자녀가 외국인 주민으로 분류되어 온 것은 실로 어처구니없는 일이다. 대한민국의 국민으로 태어난 아이들이 자신의 국적을 인정받지 못하고 외국인 주민으로 분류되는, 말도 안 되는 상황에 놓인 것이기 때문이다. 소위 다문화 가정의 아이들이 차별에 시달릴 수밖에 없는 근본적인 원인이 어디에 있는가가 명백히 드러나는 것이 아닌가 한다.

● 다 그들을 위한 거예요!

어떤 사람은 이렇게 말할지도 모른다. 그 사람들을 외국인 주민으로 보느냐 마느냐보다 더 중요한 것은 그들의 현황을 파악하고 이를 기초로 그 사람들에게 필요한 정책을 만드는 일이라고 말이다. 그러면서 이들은 이렇게 말한다. 그 사람들은 일반적인 대한민국 국적자들과는 다른 만큼, 따로 분리를 해야 하지 않느냐, 그들이 대한민국 국적을 취득했다고 그들의 배경이 변하지는 않는다, 그러니 외국인 주민으로 분류할 필요가 있는 것이 아니냐고 말이다.

하지만 엄연한 대한민국 국적자들을 외국인 범주에 넣어 분류하는 한, 이들을 위해 세운 정책은 출발부터 한계가 명확해 보인다. 뿐만 아니라 이런 관점에서 만들어진 정책은 아무리 잘 만든다고 해도 그 대상이 되는 사람들에게 상처를 주는 정책이 될 수 있다. 대한민국 국민인데 대한민국 국민으로 인정받지 못하기 때문이다.

정책을 세우는 이유는 정책을 만드는 사람을 위해서가 아니라 그 정책의 수혜를 받는 사람들을 위해서라는 점을 반드시 생각해야 한다.

귀화자들을 외국인 주민으로 분류하는 것은 그 자체만으로도 '당신이 대한민국 국적을 얻었다고 해서 당신이 대한민국 국민이 되는 것은 아닙니다'라고 말하는 것과 같다. 그리고 귀화자나 결혼 이민자의 자녀를 외국인 주민의 범주에 넣는 것은 '부모 모두가 원래부터 대한민국 국적자가 아니면 아무리 당신이 태어나면서부터 대한민국 국적을 취득했다고 해도 당신은 대한민국 국민이 아닙니다'라는 이야기를 전하는 일이 된다.

● 다문화·다인종 국가가 코앞에

여기서 다시 2019년 행정안전부의 외국인 주민 통계 자료로 돌아갈 필요가 있다. 이제는 언어 표현의 문제가 아니라 숫자에 주목해 보려 한다.

2020년 10월 29일 행정안전부 사회통합지원과에서 낸 보도자료에 따르면 2019년 11월 1일 현재 대한민국에 거주하는 소위 '외국인 주민', OECD의 표현에 따르면 '이주 배경 인구(외국인, 이민 2세, 귀화자 등)'의 수는 222만 명인 것으로 조사되었다. 이는 총인구 대비 4.3퍼센트에 해당하는 수치라고 한다.

OECD는 총인구 중 이주 배경 인구가 5퍼센트를 넘는 것을 기준으로 해당 국가를 다문화·다인종 국가로 분류한다. 따라서 대한민국이 보이는 총인구 대비 4.3퍼센트의 비율은 OECD의 다문화·다인종 국가 분류 기준인 5퍼센트에는 약간 미치지 못하지만 상당히 근접한 수치라고 할 수 있다. 그렇다면 언제쯤 대한민국은 OECD의 기준에 따른 다문화·다인종 국가로 진입하게 될까?

그것을 알아볼 수 있는 좋은 방법 중 하나는 그간의 증가 추세를 살펴보는 것이다. 다음 그래프는 앞서 언급한 보도자료에 포함되어 있는 것으로, 2006년부터 2019년 사이 13년 동안의 총인구 대비 소위 '외국인 주민' 비율의 변화 추이를 보여주고

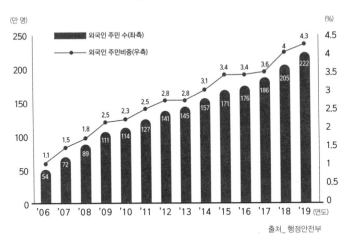

2019년 외국인 주민 증가 추이

출처_ 행정안전부

있다.

2006년 총인구의 1.1퍼센트에 불과했던 소위 '외국인 주민'
이 2019년에는 4.3퍼센트로 조사되어 지난 13년간 거의 4배 가
까운 수치로, 꾸준히 가파르게 증가해 왔음을 확인할 수 있다.
이러한 증가 추세를 고려할 때 대한민국이 수년 내에 OECD의
기준에 따른 다문화·다인종 국가로 진입할 것이라는 추론은
어렵지 않다. 그런데 우리는 다문화·다인종 국가로 진입할 준
비가 되어 있을까? 우리의 현실을 점검해 볼 필요가 있다.

● 우리의 현실은?

우리는 일상에서 너무나 쉽게 고정관념에 근거하여 타인의
국적을 판단한다. 그래서 흔히 볼 수 있는 대한민국 국적 소유
자와 외모나 말씨가 조금 다르면 확인도 하지 않고 너무나도
쉽게 그 사람을 외국인이라고 판단해 버린다.

그리고 그런 외모나 말씨를 가진 사람이 한국 국적자임을 알
게 되면 호들갑스럽게 반응한다. "한국 사람이었어요? 한국 사
람처럼 안 생겼는데" 혹은 "한국 사람이었어요? 그런데 왜 말
이 그래요?"라고 말이다.

또, 외모가 일반적인 한국인과 달리 생긴 사람이 한국어를
사용하면 눈을 동그랗게 뜨면서 놀란 표정으로 아주 쉽게 "한
국어 잘하시네요"라고 말한다. 만약 그 사람이 한국 국적자이
고 한국어가 모국어라면 그 사람에게 그 말은 상처가 될 수 있
다. 한국어가 모국어인 사람에게는 어울리는 말이 아니기 때문
이다. 그 사람에게는 그 말이 '당신은 한국 사람일 리가 없어
요'라고 들릴 것이다.

이런 질문은 대한민국의 국적을 소지하기 위해서는 특별한
외모와 말씨를 가져야 한다는 어이없는 전제를 깔고 있다. 거듭
강조하지만 외모나 말씨는 대한민국 국적 취득의 필요조건이
아니다.

사실, 이런 질문은 무지와 무례의 합작품이다.

무지인 이유는 국적의 취득 요건을 알지 못하고 한 질문이기 때문이다. 또 무례인 이유는 상대에 대해서는 아랑곳하지 않고 자신의 즉흥적인 궁금증에만 집중한 질문이기 때문이다. 이런 질문은 자신이 과연 상대의 지극히 개인적인 이야기를 물을 수 있는 자격이 있는지 없는지, 그 질문을 받고 상대가 어떤 기분일지 등을 전혀 고려의 대상으로 삼지 않는다. 게다가 질문한 사람의 대부분은 그 사연을 꼭 알아야 할 필요가 있는 것도 아니다. 그냥 즉흥적으로 생긴 자신의 개인적인 궁금증을 즉각적으로 해소하고자 하는 매우 자기중심적인 태도일 뿐이다.

생각할수록 부끄러운 일이 아닐 수 없다. 잘못된 근거와 기준으로 내린 자신의 그릇된 판단을 두고 왜 자신의 판단 근거와 기준이 옳지 않은지 그 설명을 오히려 상대방에게 요구하는 꼴이니 말이다. 설명을 요구할 일이 아니라 자신의 판단 기준이 부적절하거나 근거가 빈약하다는 것을 깨닫고 반성할 일이다

● **다양한 사람들이 함께 살아갈 대한민국**

한두 가지 색깔로만 꽉 채워진 단조로운 미래가 대한민국이 지향하는 미래라고 생각하는 사람은 없을 것이다. 우리가 원하

는 대한민국의 미래는 더 다양한 사람들이 자신들만의 색깔을 활짝 펼칠 수 있는 곳이어야 한다는 데 이견을 가질 사람은 없다. 그러기 위해서는 다양한 사람들이 지닌 다양한 색깔을 존중해야 한다. 그리고 그 색깔들이 서로 조화롭게 빛날 수 있어야 한다.

다행히 대한민국은 점점 더 다양한 사람들이 함께 살아가는 곳이 되어가고 있다. 소위 한민족의 피를 물려받은 사람들과 모국어가 한국어인 사람들만이 모여 사는 나라에서 더 다양한 배경을 가진 사람들이 함께하는 나라가 되어가고 있다. 외모나 모국어가 그 사람의 국적을 결정하는 요소일 수는 없으니 어찌 보면 이는 당연한 일이다.

대한민국을 더 살기 좋은, 그래서 더 살고 싶은 곳으로 만드는 것이 대한민국 구성원들의 바람이라면 그 바람이 잘 이루어질수록 대한민국은 더 빠르게 다문화·다인종 국가가 되어갈 것이다. 더 다양한 사람들이 대한민국의 구성원이 되고자 할 것이기 때문이다. 그러니 대한민국의 구성원이 다양해지고 있다는 사실은 그만큼 구성원들의 바람이 올바른 방향으로 현실화되고 있음을 말해주는 객관적인 지표라고도 할 수 있겠다.

하지만 대한민국에서 태어나 대한민국 국적을 가지고 있어도 다수가 지닌 외형적 특징을 지니지 않는다면 아주 쉽게 '외국인'이라고 치부해 버리는 한, 또 한국어가 서툴고 말씨가 일반적이지 않다면 바로 '외국인'이라고 판단해 버리는 한, 그 사람의 이전 국적이나 그 사람의 부모가 어떤 국적을 가지고 있는가로 그 사람을 규정해 버리는 한, 우리는 아직 그 다양성을 받아들일 준비가 되었다고 할 수 없다.

그 준비가 얼마나 잘 되어가고 있는지를 확인할 수 있는 좋은 방법 중 하나가 바로 우리가 현재 사용하고 있는 언어 표현을 점검해 보는 것이다. 일상 언어에서 다양한 배경을 가진 사람들을 불편하게 하는 언어 표현은 없는지, 공공언어에서 정책을 만드는 관의 관점이 아니라 정책의 대상이 되는 민의 관점이 얼마나 다양하게 잘 반영되어 있는지를 지속적으로 점검해 가는 일은 그래서 중요하다.

우리가 바라는 대한민국을 현실화시키고 그 현실화된 대한민국의 준비된 주인이 되기 위해서 우리는 우리가 지닌 고정관념으로부터 벗어나야 한다. 그러기 위해서 우리는 우리가 생각하고 있는 한국인은 누구인지, 또 외국인은 누구인지를 묻고 그 물음에 떠오르는 다양한 답을 하나하나 새로운 관점으로 점검해야 한다.

'당선인'이 되고 싶은 '당선자'

언론, 누구의 목소리를 대변하는가?

"

언어는 사회적 약속이다.

그런데 그 약속은 누가 만드는 걸까?

만약 그 약속을 바꾸고 싶다면?

2007년 12월, 유권자의 선택을 받은 이명박 후보자는

대통령직 인수위원회를 꾸리고

언론에 한 가지 요구 사항을 전달한다.

그간 대통령에 당선된 사람을 이르던 '당선자'라는 말을

'당선인'으로 바꿔 불러 달라는 요구였다.

언론은 인수위원회의 이와 같은 요구를 검토하는 대신

일제히 요구 사항을 수용해 '당선자'를 버리고

'당선인'으로 통일하는 놀라운 적응력을 과시한다.

하지만 이명박 대통령의 취임과 함께

'당선인'은 언론에서 자취를 감추고

선거에 당선된 사람은 다시 '당선자'로 표기되기 시작한다.

이렇게 한동안 '당선인'은 언론에서 사라지는 듯했다.

그런데 5년 후 '당선인'은 대통령 선거와 함께 화려하게 부활한다.

2007년 이후 언론에서 사용된 '당선자'와 '당선인'의 사용을 비교하여

언론이 누구의 요구에 민감하게 반응하는지,

누구의 목소리를 대변하는지 확인하며 질문을 던져 본다.

"

● 당선인이 되어 가는 당선자

지난 2020년 11월 3일, 미국에서는 자국의 대표를 선출하는 투표가 있었다. 미국이 지니는 국제적인 영향력으로 인해 미국의 대통령 선거는 늘 전 세계 언론의 주목을 받는다. 결과를 예측할 수 없는 박빙의 상황이었던 데다가 코로나19 대유행의 상황 속에서 치러진 선거였기에 더더욱 전 세계 언론의 주목을 받았다.

대한민국의 언론도 물론 예외는 아니었다. 후보자들의 선거 유세부터 선거 결과에 대한 보도는 물론, 대통령에 당선된 예비 대통령의 취임 전 행보까지 다양한 보도가 연일 이어졌다.

그런데 이어지는 언론의 보도를 보고 들으며 언어학자로서 가장 관심이 갔던 것은 대통령에 당선된 사람을 지칭하는 말이었다. 일부 언론을 제외하고는 대부분의 언론이 선거에 당선된 사람을 '당선자'가 아니라 '당선인'이라고 부르고 있었기 때문이다. 어느새 언론 보도에서 '당선자'라는 표현은 거의 사라져 가고 있었고 '당선인'이라는 표현이 '당선자'를 대신하여 위세를 떨치고 있었다.

불과 몇 년 만에 '당선자'가 '당선인'으로 거의 통일되어가는 듯한 언론 보도를 접하며 씁쓸한 기분이 들었다. 당선자는 왜, 언제부터 당선인이 되었을까? 당선인이 되어 가는 당선자를 보면서 씁쓸한 기분이 든 이유는 무엇일까?

● **이명박 대통령직 인수위원회: '당선인이라고 불러 주오'**

2007년 12월 19일은 제17대 대통령 선거가 있던 날이다. 대한민국의 대표가 되기 위해 무려 열 명의 후보가 나섰고, 그들은 저마다 공약을 내세우며 유권자의 마음을 사려 했다. 열 명의 후보 중 그날 선거에서 국민의 선택을 받은 후보는 48.67퍼센트의 득표율을 기록한 이명박 후보였다.

그런데 이명박 당선자 측은 12월 25일 대통령직 인수위원회를 꾸린 후 대변인을 통해 언론에 특이한 요청 하나를 했다. 바로 취임식을 하기 전까지 붙게 되는 호칭을 '당선자'가 아니라 '당선인'으로 표기해 달라는 것이었다.

인수위원회 측은 대통령직 인수위원회법에 당선인으로 되어 있다는 점과 중앙선거관리위원회도 당선인증을 발부한다는 점을 들어 당선인으로 표기하는 것이 맞다는 입장을 설명하며 당선인으로 표기해 줄 것을 언론에 당부한다.

하지만 더 중요한 이유는 따로 있었다. 당선자의 '자(者)'가 '놈 자'이기 때문에 대통령이 될 사람에게 '놈 자'자가 붙은 표현을 쓰는 것이 불경스럽다는 것이었다. 그러니 '사람 인(人)'자가 있는 '당선인'으로 바꾸어 불러달라는 것이 인수위원회 측이 언론에 요청한 진짜 이유였다.

언론은 인수위원회의 요청을 수용하여 당선인이라는 표현을 사용하기 시작했다. 2007년 12월 31일 〈문화일보〉는 대통령 당선자 명칭을 '당선인'으로 바꾼다는 기사를 송출하기도 했다.

● 헌법재판소: '당선자라고 써 주오'

그런데 얼마 뒤인 2008년 1월 10일 헌법재판소는 인수위원회 측과는 상반된 내용을 언론에 요청했다. 헌법재판소의 김복기 공보관은 이명박 특검법 관련 헌법 소원에 대한 결정 선고 내용을 설명하는 과정에서 "가급적이면, 특히 헌재 결정과 관련해서는 '대통령 당선인'보다는 헌법에서 규정하는 표현을 써 달라"고 취재진에게 요청한 것이다.* 헌법에 규정된 표현이란 '대통령 당선자'라는 표현을 의미한다.

이처럼 헌법재판소 측은 헌법에 대통령 당선자라고 표기되어 있는 만큼, 대통령 당선자라고 표현하는 게 맞다는 입장을 밝히며 인수위원회 측의 '당선인' 요구가 부적절하다는 입장을 밝힌 것이다.

실제로 헌법 제67조 제2항과 제68조 제2항에는 대통령 선거에서 당선된 사람을 '당선자'라고 표현하고 있다.

헌법에 명기된 '당선자'

제67조 ① 대통령은 국민의 보통·평등·직접·비밀선거에 의하여 선출한다.

② 제1항의 선거에 있어서 최고득표자가 2인 이상인 때에는 국회의 재적의원 과반수가 출석한 공개회의에서 다수표를 얻은 자를 당선자로 한다.

③ 대통령후보자가 1인일 때에는 그 득표수가 선거권자 총수의

● BBK 주가 조작 사건에 대한 이명박 특검법이 선거 직전에 국회를 통과하면서 특검의 대상이 된 이명박 후보는 선거에 당선된 후 이명박 특검법에 대한 헌법 소원 및 효력정지 가처분 신청을 제기했다. 이에 대해 헌법재판소는 이례적으로 13일 만에 이명박 특검법 헌법 소원에 대한 결정을 내렸다. 언론에 '당선자'로 해 달라는 헌법재판소의 요청은 바로 이때 이루어진 것이다.

3분의 1 이상이 아니면 대통령으로 당선될 수 없다.

④ 대통령으로 선거될 수 있는 자는 국회의원의 피선거권이 있고 선거일 현재 40세에 달하여야 한다.

⑤ 대통령의 선거에 관한 사항은 법률로 정한다.

제68조 ① 대통령의 임기가 만료되는 때에는 임기만료 70일 내지 40일 전에 후임자를 선거한다.

② 대통령이 궐위된 때 또는 대통령 당선자가 사망하거나 판결 기타의 사유로 그 자격을 상실한 때에는 60일 이내에 후임자를 선거한다.

앞에 보인 것처럼 헌법 제67조 제2항에는 대통령 선거에서 '다수표를 얻은 자를 당선자로 한다'고 되어 있고, 제68조 제2항에는 '대통령 당선자가 사망하거나'와 같은 표현이 있다. 헌법재판소는 이를 근거로 최상위법인 헌법에 '당선자'라고 표기되어 있는 만큼, 다른 법에 다른 표현이 있다고 해도 상위법을 따라 '당선자'라고 표현하는 것이 맞다는 입장을 언론에 알린 것이다.

하지만 헌법재판소의 당선자 표현 요청 다음 날인 1월 11일, 인수위원회 측은 이동관 대변인을 통해 전날 있었던 헌법재판소의 요청에 대한 인수위원회의 입장을 밝혔다. 헌법재판소의 요청과 관련하여 인수위원회 간사단 회의에서 호칭과 관련해 논의를 벌였으나 현재대로 '당선인'을 당분간 쓰기로 했다는 것이 그 내용이었다.

인수위원회 측은 인수위원회 안팎의 법학 전공 전문가들의 헌법에 대한 의견과 헌법 이외의 대부분의 법률에서 '당선인'이라고 표기하고 있다는 점, 그리고 선관위에서도 당선인으로 표기된 당선증을 교부한다는 점을 재론하며 인수위원회 측의 입장을 언론에 다시 전달했다. 덧붙여 앞으로 호칭과 관련한 혼란이 없도록 법률의 개정 시 용어를 일치시킬 필요가 있다고 판단한다는 입장을 내놓았다.

2007년 12월 19일 대통령 선거 후 꾸려진 대통령직 인수위원회의 '당선인' 표현 요청, 그리고 1월 10일 헌법재판소의 '당선자' 표현 요청, 그리고 1월 11일 인수위원회 측의 '당선인' 표현 고수 입장 표명으로 이어진 일련의 호칭 관련 논란 속에서 언론은 과연 어떤 표현을 사용했을까?

● **언론, 누구의 요청을 수용했을까?**

2007년 12월 말 인수위원회의 요청 이전에는 선거에 당선된 사람을 '당선자'라고 표현했다. 뉴스 빅데이터 분석 시스템인 빅카인즈를 이용하여 1990년부터 2007년 사이에 언론 보도에서 사용된 당선자와 당선인의 사용 비율을 비교해 보면 당선자의 사용이 압도적임을 알 수 있다.

해당 시기 11개 중앙지, 5개 방송사가 사용한 당선자와 당선인의 사용 빈도를 빅카인즈를 활용해 비교해 보았다. 분석 결과, 해당 시기 당선자와 당선인이라는 표현은 총 3만 8,502회 사용되었는데, 이중 '당선자'는 총 3만 8,225회, 당선인은 총 277회의 사용 빈도를 관찰할 수 있었다. 따라서 당선자의 사용 빈도 비율은 99.3퍼센트임에 비해 당선인의 사용 빈도 비율은 0.7퍼센트에 불과한 것으로 나타났다.

그런데 언론은 2007년 12월 말 인수위원회의 요청을 받아들이며 빠르게 '당선인'이라는 표현을 사용하기 시작했다. 2008년 1월 10일 헌법재판소가 '당선자'라는 표현이 더 헌법에 맞는 표현이라는 입장을 밝혔지만, 이러한 헌법재판소의 입장은 언론에 큰 영향을 주지 못한 듯하다. 언론은 오히려 헌법재판소의 요청 다음 날 이루어진 인수위원회 측의 입장, 즉 '당분간 당선인으로 호명하겠다'는 입장을 더 적극적으로 수용하여 당선자보다는 당선인이라는 표현을 선호하는 양상을 보였다.

언론의 수용이 얼마나 재빠르고 광범위했는지는 2007년 12월부터 2008년 2월 사이에 사용된 당선자와 당선인이라는 단어의 사용 빈도를 비교하면 바로 알 수 있다. 해당 시기 3개월간 11개 중앙지, 5개 방송사의 언론 보도에 사용된 두 단어의 총 사용 빈도를 확인하고 총 사용 빈도 중 각 단어가 차지하는 비

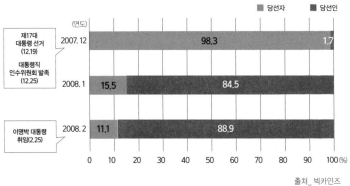

제17대 대통령 선거 이후 당선자와 당선인의 사용 빈도 비율

■ 당선자 ■ 당선인

(연도)		
제17대 대통령 선거 (12.19)	2007. 12	98.3 / 1.7
대통령직 인수위원회 발족 (12.25)	2008. 1	15.5 / 84.5
이명박 대통령 취임(2.25)	2008. 2	11.1 / 88.9

0 10 20 30 40 50 60 70 80 90 100 (%)

출처_ 빅카인즈

율을 비교해 보았다. 다음은 그 결과를 그림으로 나타낸 것이다.

위 그림에서 보인 것처럼 대통령 선거가 끝나고 인수위원회의 요청이 있기 전까지 언론 보도에는 당선인이라는 표현이 거의 사용되지 않았다. 이 시기 당선자는 2,885회의 사용 빈도를 보인 반면에 당선인은 50회의 사용 빈도만이 확인된다. 두 단어의 사용 비율을 서로 비교하면 당선자가 98.3퍼센트, 당선인이 1.7퍼센트의 비율로 사용된 것이어서 이전 시기와 마찬가지로 당선자가 압도적인 사용 빈도를 보이고 있음이 확인된다.

그런데 2008년 1월이 되자 두 단어의 사용 빈도 비율은 극적인 변화 양상을 보였다. 2007년 12월 1.7퍼센트의 비율을 보였던 당선인은 2008년 1월이 되자 84.5퍼센트의 비율을 보이더니 2008년 2월에는 그 비율이 조금 더 늘어서 88.9퍼센트의 비율을 보였다.

이처럼 언론은 인수위원회의 요청을 적극적으로 받아들여 선거에 당선된 사람을 일컫는 말을 당선자에서 당선인으로 재빠르게 바꾸어 사용했음을 확인할 수 있다.

그렇다면 이후의 선거에서 유권자들의 선택을 받은 사람을 언론은 어떻게 표현했을까? 당선인이라는 표현은 그 이후 얼마나 일반화되었을까?

● **14년간의 혼란, 그리고 당선인 선택의 배경**

답을 찾기 위해 빅카인즈를 활용하여 언론에서 사용된 당선자와 당선인의 사용 빈도를 비교해 보았다. 분석 대상은 역시 11개 중앙지와 5개 방송사로 한정하였고, 기간은 2007년부터 2020년이었다. 선거와 관련이 있는 만큼, 당해 연도에 있었던 주요 선거를 함께 정리하여 보였다.

그림을 통해 당선인의 사용 빈도와 선거의 종류 사이에 밀접한 관련이 있다는 것을 알 수 있다. 그리고 당선인이라는 표현의 급격한 증가를 이끈 것은 단연 '대통령 선거'라는 사실을 확인할 수 있다.

2007년에는 1.5퍼센트에 불과하던 당선인이 인수위원회의

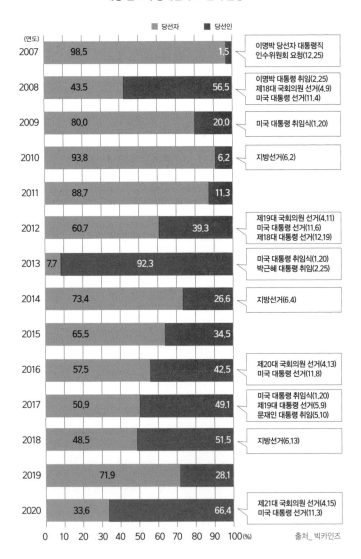

당선자와 당선인의 연도별 사용 빈도 비율과
해당 연도에 행해진 주요 선거 일정

■ 당선자　■ 당선인

(연도)	당선자	당선인	주요 선거 일정
2007	98.5	1.5	이명박 당선자 대통령직 인수위원회 요청(12.25)
2008	43.5	56.5	이명박 대통령 취임(2.25) 제18대 국회의원 선거(4.9) 미국 대통령 선거(11.4)
2009	80.0	20.0	미국 대통령 취임식(1.20)
2010	93.8	6.2	지방선거(6.2)
2011	88.7	11.3	
2012	60.7	39.3	제19대 국회의원 선거(4.11) 미국 대통령 선거(11.6) 제18대 대통령 선거(12.19)
2013	7.7	92.3	미국 대통령 취임식(1.20) 박근혜 대통령 취임(2.25)
2014	73.4	26.6	지방선거(6.4)
2015	65.5	34.5	
2016	57.5	42.5	제20대 국회의원 선거(4.13) 미국 대통령 선거(11.8)
2017	50.9	49.1	미국 대통령 취임식(1.20) 제19대 대통령 선거(5.9) 문재인 대통령 취임(5.10)
2018	48.5	51.5	지방선거(6.13)
2019	71.9	28.1	
2020	33.6	66.4	제21대 국회의원 선거(4.15) 미국 대통령 선거(11.3)

0　10　20　30　40　50　60　70　80　90　100(%)

출처_ 빅카인즈

여덟 번째 강의

요청에 따라 사용 빈도가 증가하여 2008년에는 56.5퍼센트의 비율을 보인다. 2008년 전체는 56.5퍼센트이지만 1월과 2월에는 당선인의 비율이 거의 90퍼센트에 육박했다는 점을 고려하면, 대통령 취임식 이후로 언론이 다시 이전에 익숙하게 사용했던 당선자를 더 많이 사용했음을 알 수 있다.

그런데 2009년이 되자 당선인의 비율은 다시 급격히 감소한다. 당선자가 당선인을 바로 압도하는 양상이 관찰된다. 2009년부터 2011년 사이 당선인의 비율은 각각 20.0퍼센트, 6.2퍼센트, 11.3퍼센트를 보일 뿐이다.

이렇게 거의 사라질 위기에 놓인 것처럼 보이던 당선인이 2012년에 들어서자 갑자기 39.3퍼센트로 늘어난다. 그리고 2013년에는 무려 92.3퍼센트의 압도적인 비율을 나타낸다.

역시 대통령 선거와 관련이 있다. 2012년 12월 19일에는 제18대 대통령 선거가 있었고, 박근혜 후보가 당선된다. 그리고 2012년 11월에는 미국 대통령 선거도 있었다. 언론이 대통령 선거 결과를 보도해야 할 일이 많아진 것이다. 국내외 대통령 선거 결과를 보도하면서 언론은 '대통령 당선자'라는 표현을 일제히 거두고 '대통령 당선인'이라는 표현으로 거의 통일을 해 내는 놀라운 모습을 보인다.

그런데 2014년이 되자 당선인의 빈도는 다시 급격히 낮아진다. 2014년에는 지방선거가 있었지만 언론은 대통령에 당선된 사람을 지칭할 때와는 달리 이들을 당선인이라고 부르는 데 인색한 모습을 보였다. 이는 이전 지방 선거가 있었던 2010년에도 마찬가지였다.

하지만 2015년부터 2018년 사이에 당선인의 사용 비율은 조금씩 증가하는 양상을 확인할 수 있다. 그 사이 국회의원 선거와 지방 선거가 있었다. 언론이 대통령 선거만큼은 아니지만 국회의원 선거와 지방 선거에 당선된 사람들에게도 당선인이라는 표현을 확대 사용하고 있음이 확인된다.

월간 사용 비율을 확인해 보면 이러한 양상을 더욱 잘 관찰할 수 있다. 2010년, 2014년, 2018년 지방 선거가 있었던 달과 2012년, 2016년, 2020년 국회의원 선거가 있었던 달에 사용된 당선자와 당선인의 비율을 비교하면 당선인이라는 표현이 이 선거들에도 점점 확대되어 가고 있음을 알 수 있다. 지방 선거가 있었던 2010년, 2014년, 2018년 6월의 당선인 사용 비율은 각각 3퍼센트, 25.3퍼센트, 59.5퍼센트였고, 국회의원 선거가 있었던 2012년, 2016년, 2020년 4월의 당선인 사용 비율은 각각 10.7퍼센트, 35.7퍼센트, 56.0퍼센트였다. 하지만 2019년이 되자 당선인은 다시 급격한 감소세를 보인다. 2019년은 주요 선거가 없었던 해였다.

그러다가 2020년에 다시 당선인의 비율이 급격히 높아진다. 2020년에는 국회의원 선거가 있었고 미국 대통령 선거가 있었다. 국회의원 선거보다는 미국 대통령 선거가 끝난 후 당선인의 사용 비율이 높아지는 양상이 뚜렷했다. 국회의원 선거와 관련된 4월과 5월, 미국 대통령 선거와 관련된 11월과 12월의 당선인 사용 비율을 비교해 보면 이러한 경향을 확인할 수 있다. 당선인의 사용 비율이 4월과 5월에는 60.7퍼센트, 11월과 12월에는 80.6퍼센트를 보였다.

이처럼 언론은 2007년 말 대통령직 인수위원회의 당선인 요청 이후 선거가 있었던 해에 유독 당선인을 당선자보다 더 많이 선택해서 썼고, 특히 대통령 선거의 경우 훨씬 더 신경 써서 당선인을 선택했다. 국회의원 선거나 지방 선거의 경우도 갈수록 신경 쓰는 양상을 보였지만 대통령 선거와는 비교가 되지 않았다.

결국, 언론이 당선자 대신 당선인을 선택한 배경에는 선거와 그 선거를 통해 당선된 사람이 갖게 되는 권력의 크기가 있었다는 것을 확인하게 된다.

● '유권자'가 뽑았는데 '당선자'가 싫다니!

사실, 선거에 당선된 사람을 일컫는 당선자라는 표현에는 전혀 문제가 없다. '者(자)'의 새김이 비록 '놈'이기는 하지만 '者(자)'에는 결코 비하의 의미가 담겨 있지 않기 때문이다. '자'가 비하의 표현이라면 '과학자, 철학자, 언어학자, 교육자' 등 지식 전문성을 가진 사람들의 직업에 '자'가 붙지는 않았을 것이다. 또, '노동자, 참석자, 후임자, 승리자, 낙관론자, 운명론자' 등에 쓰인 '자'를 두고 문제를 삼는 사람은 없다. 심지어 '자'가 비칭이니 '인'을 써 달라고 요청한 대상이 하필 기자(記者)였지만 그 요청을 적극적으로 받아들인 기자들은 자신들을 기인(記人)으로 불러달라고 하지 않는다.

더욱이 유권자들이 대통령을 뽑았는데 유권자의 '자'는 괜찮고 당선자의 '자'는 문제가 된다고 생각하는 것은 정말 앞뒤가 맞지 않는 말이고 본말이 전도된 생각이다. 만약 '자'가 비하의 표현이니 '인'으로 바꿔야 한다고 주장하려면 당선자를 당선인으로 바꾸자고 하기 전에 유권자부터 유권인으로 바꾸자고 하는 것이 더 이치에 맞는다. 유권자는 그대로 둔 채 당선자를 당선인으로 불러달라고 한 것은 대한민국의 헌법 정신에 위배된다. 대한민국은 민주공화국이며 대한민국의 모든 권력은 유권자인 국민에게 있다고 헌법 제1조는 말하고 있기 때문이다.

대통령은 헌법 제69조에 따라 취임에 즈음하여 선서를 하게 되어 있다. 취임 선서는 "나는 헌법을 준수하고"로 시작된다. 국민의 대표인 대통령은 헌법의 수호자가 되어야 한다는 의미다. 그런데 헌법에 명기되어 있는 '당선자' 대신에 '당선인'이라고 불러 달라고 요구하는 것은 헌법을 따르지 않겠다는 것이니 엄중한 일이 아닐 수 없다. 특히 '당선자'가 맞는 표현이라는 헌법재판소의 의견에도 불구하고 이를 수용하지 않겠다고 하는 것은 대통령 당선자와 그 주변 사람들이 취할 태도가 아니다.

더욱이 당선자 신분이 되기 위해서는 누구나 후보자로 나서야 한다. 후보자만이 당선자가 될 수 있으니 후보자를 거치지 않은 당선자는 존재할 수 없다. 만약 '자'가 비칭이라 바꿔야 한다고 주장하려면 '후보자'의 '자' 먼저 바꾸자고 했어야 한다. 그리고 후보자의 '자'가 싫다는 목소리를 후보자 시절부터 냈어야 했다. 그런데 후보자 시절에는 후보자를 후보인으로 바꿔야 한다는 목소리를 전혀 내지 않다가 당선 직후 당선자를 당선인으로 바꿔 불러 달라는 것은 더더욱 합리적인 요구가 아니다. 후보자의 '자'는 괜찮고 당선자의 '자'는 바꿔야 한다는 것이 억지로 들리는 이유다.

● **진짜 바꿔야 할 것은 한자의 새김**

그럼 이제 '자'와 '인'의 쓰임을 통해 '자'에 대한 오해를 풀 필요가 있다. 우리는 흔히 한자 '者'를 '놈 자'라고 새긴다. 지금 우리의 말 감각에 '놈'은 어감이 좋지 않다. 사전을 찾아봐도

'남자를 낮잡아 이르는 말' 혹은 '사람을 홀대하여 이르는 말'이라고 풀이되어 있다.

하지만 옛말에서는 그렇지 않았다. 세종대왕이 지으신 훈민정음 언해본 서문에 등장하는 '놈'을 생각해 보면 금방 알 수가 있다. 모두 훈민정음 언해본에 있는 '제 뜻을 시러 펴지 못할 놈이 하니라'의 '놈'을 기억할 것이다.

이 시기 '놈'은 평칭이지 비칭이 아니었다. '놈'은 평칭으로 일반적인 사람들을 이르는 말이었다. 한자의 새김(훈)에 있는 '놈 자'는 '놈'이 평칭일 때 만들어진 후 그냥 지금까지 전해지고 있는 것뿐이다. 그래서 '놈 자' 자가 붙은 것이 비칭인 것 같은 오해가 생긴 것이다.

만약 '놈 자'가 불편하다면 현재의 말로 바꿔서 '사람 자'라고 하면 된다. 실제로 요즘 아이들은 '者'를 '사람 자'로 배우고 있다.

사실 '자'에는 '과학자, 언어학자, 교육자' 등의 용법에서도 알 수 있듯이 한 방면에 전문적 지식을 가진 사람을 의미하기도 한다. 이 경우 '자' 자는 오히려 존대의 의미를 갖게 된다. 그러니까 애꿎은 당선자를 당선인으로 바꿀 게 아니라 '者'의 새김을 '놈'에서 '사람'으로 바꿀 일이다.

또한, 당선자와 당선인은 서로 다른 의미가 있다는 것도 짚어야 한다. '과학자'와 '과학인'이 다른 의미를 갖는 것처럼 당선자와 당선인도 유사한 차이를 가질 수 있다. 과학자는 과학을 전문적으로 연구하는 사람 개인을 의미하는 반면에 과학인은 과학자를 포함하여 과학 관련 분야 전반에 종사하는 사람을 총칭하는 의미를 갖는다. 그래서 모든 과학자는 과학인 모임에 갈 수 있지만 과학인이라고 해서 모두 과학자 모임에 갈 수 있는 것은 아니다.

당선자와 당선인도 유사한 차이를 갖는 것 같다. 당선자는 선출된 개인을 개별적으로 의미하는 반면에 당선인은 그 당선자들을 총칭하는 의미로 말이다. 그러니까 당선자들이 모여서 축하의 자리를 갖는다면 그 모임은 당선자 모임이라고도 할 수 있지만, 당선인 모임이라고도 부를 수 있다.

● 언론의 언어를 살피다

취임식에서 헌법을 준수할 것을 서약하며 헌법의 수호자가 되어야 할 대통령이 될 사람이 헌법에 반하는 제안을 한 것도 문제지만, 더 큰 문제는 이를 발 빠르게 수용하는 언론의 태도다. 2007년 이명박 당선자가 꾸린 인수위원회의 제안 이후 당선자 신분으로 있었던 두 달 동안 언론이 사용한 당선인의 비율은 무려 86퍼센트 이상이었다. 또, 2012년 12월 박근혜 후보의 당선부터 대통령 취임 사이 약 2개월 남짓 동안 '당선인'이라는 표현이 언론에 사용된 비율은 무려 94퍼센트 이상이었다.

문제점을 지적하고 권력을 감시해야 하는 언론이 그 기능을 제대로 하지 못하고 선거 결과 보도에서 대통령 당선자의 심기를 유독 살피고 눈치를 보는 듯한 모습을 보였다. 언론은 아주 일사불란하게 권력자의 요구를 수용하여 재빠르게 표현을 바꾸었다. 익숙한 표현을 바꾸는 불편함을 감내하면서까지도 적극적으로 인수위원회의 요구를 수용했다. 당선자를 당선인으로 일시에 바꾸어 가는 놀라운 적응력을 자랑했다. 하지만 당선인은 대통령 선거가 끝나자 존재감을 잃고 사라져가는 듯했다. 그리고 5년 만에 다음 대통령 선거와 함께 부활하며 당선자를 일시에 압도해 가는 모습을 보였다.

또한, 언론은 국회의원 선거나 지방 선거를 통해 당선된 사람은 기존의 표현인 당선자를 사용하는 데 주저함이 없다가 대통령 선거에서만은 유독 '당선인'을 의식하는 태도를 보였다. 마치 '당선자'라는 표현으로 인해 대통령 선거에 당선된 사람에게 불경스러움을 범하지 않으려는 굳은 의지를 드러내는 듯했다. 당선자라는 표현이 진짜 문제가 있어서 바꿔야 하는 것이었다면 다른 선거에 당선된 사람에게는 왜 '당선인'을 사용하는데 인색했는지 대답이 궁색하다.

결국, 당선자와 당선인 중 어떤 표현을 선택할까를 결정하는

데 있어서 언론이 고민한 것은 어떻게 표현하는 것이 더 올바른가가 아니라 선거가 있는가 없는가 그리고 선거 결과에 당선된 사람이 갖는 권력의 크기가 어느 정도인가였던 것이다. 언론 보도에 사용된 당선자와 당선인의 사용 양상을 통해 언론이 권력자의 심기를 얼마나 살피고 있는지가 여실히 드러난다.

고칠 이유가 전혀 없는 당선자를 당선인으로 발 빠르게 고쳐 간 언론의 태도는 매우 민첩하고 일사불란했다. 차별 표현이나 부적절한 관점이 담긴 표현을 새로고침하자는 시민들의 요구에 늘 보여 왔던 미온적인 태도와는 사뭇 대조적이다. 누구의 요구인가에 따라서 완전히 다른 수용 태도를 보이는 언론에 그 취사선택의 기준이 무엇인지 질문을 던지지 않을 수 없다.

코로나19 시대의 언어 풍경

정치와 권력이 드러나는 언어

> 2020년 신종 코로나바이러스 감염증의
> 대유행이 시작된 이후
> 우리 일상에는 수많은 말들이
> 새롭게 생겨나 사용되고 있다.
>
> 우한 폐렴, 코로나19,
> 비말, 코호트 격리, 음압 병실,
> 포스트 코로나, 언택트, 웨비나.
>
> 감염병과 함께 우리에게 쏟아진 어렵고 이상한 말들.
> 그 말들 속에서 우리가 주목해야 할 것은 무엇인가?
>
> 코로나19 시대의 언어 풍경은 언어와 이데올로기,
> 언어와 권력의 문제에 대해 생각해 보게 한다.

● 비일상의 일상화

코로나19가 우리의 일상을 뒤흔들고 있는 요즘이다. 일상적이었던 것이 특별한 것이 되었고, 특별했던 것이 일상이 되어버렸다. 가장 대표적인 것이 마스크가 아닐까 한다.

아주 특별한 의미를 가졌던 마스크가 이제는 가장 일상적인 의미를 갖게 되었다. 밖에서 마스크를 안 쓴 사람을 만나는 것이 오히려 이상할 정도다. 마스크를 쓰는 곳과 쓰지 않는 곳이 너무나 명백하게 갈리는 일상을 살고 있다. 그러다 보니 드라마나 영화 속에 등장하는 사람들이 마스크를 안 쓰고 대로를 활보하는 모습이 몹시 낯설다. 드라마 속에 등장하는 사람들이 마스크를 쓰지 않고 서로 만나고 낯선 사람과 악수를 하는 등 신체를 접촉하는 모습을 보면 뭔가 이상한 느낌이 든다.

그리고 아주 일상적이던 대규모 공연 영상을 인터넷상에서 만나면 그립고 아련해진다. 아주 일상적이던 것이 아주 비일상적인 것으로 느껴지면서 그런 시절이 다시 올 수 있을까 하는 생각이 든다. 우리는 언제 저렇게 다시 모여서 즐거움을 함께 나눌 수 있을까 아주 낯설다.

코로나19라는 새로운 상황은 비일상적이던 언어를 일상의 언어로 만들었고 언어가 지닌 권력에 대해서도 생각하게 했다. 또, 언어가 얼마나 정치적인 도구일 수 있는가를 다시금 깨닫게 해 주었고 언어가 가진 정치적인 힘도 느끼게 해 주었다. 또, 누구를 위한 언어인가, 언어를 가진 자와 갖지 못한 자 사이의 권력관계와 소외에 대해 생각하게 했다.

코로나19와 관련된 두 가지 언어 풍경을 통해 언어와 이데올로기, 언어와 권력의 문제에 대해 생각해 보려 한다.

● **첫 번째 풍경: 감염병의 이름에 얽힌 치열했지만 허무한 줄다리기**

언어가 얼마나 정치적인 도구가 될 수 있는지를 보여주는 가장 좋은 예가 바로 감염병의 이름을 둘러싸고 벌어진 여야의 줄다리기라고 할 수 있다. 감염병 이름을 두고 벌어진 여야의 줄다리기는 비록 길지도 않았고 한쪽의 완벽한 승리로 끝났지만 그 이면에 숨은 이데올로기의 싸움은 매우 치열했다. 이름을 붙이는 일이 얼마나 정치적인 틀 짜기가 될 수 있는지를 보여주는 아주 좋은 예다.

우리 언론에 코로나19 관련 보도가 처음 등장한 것은 2019년 12월 31일이었다. 이때는 감염병의 정체가 알려지기 이전이었기 때문에 '중국서 원인 불명 폐렴' 혹은 '중국 우한서 원인 불명 폐렴'이 발생했다고만 보도되었다. 그러다가 관련 보도가 많아지고 병의 정체가 조금씩 밝혀지면서 발생 지역의 이름이 병의 이름에 들어가기 시작했다. '중국 폐렴' 혹은 '우한 폐렴'으로 불리게 된 것이다.

감염병 초기, 언론은 '중국 폐렴'보다는 지역이 특정된 '우한 폐렴'이라는 명칭을 선호했다. 감염병 관련 보도가 쏟아지기 시작한 2020년 1월 초부터 언론을 통해 퍼진 우한 폐렴이라는 명칭은 별다른 문제의식 없이 1월 말까지 가장 널리 사용된 감염병의 이름이 되었다.

그런데 1월 27일 청와대가 감염병의 이름을 '신종 코로나'로 불러줄 것을 언론에 요청했다. WHO의 권고안에 맞게 병의 이름에 지역 이름을 넣지 말고 '신종 코로나 바이러스', 줄여서 '신종 코로나'라고 불러 달라는 것이었다. 근거는 2015년 WHO가 마련한 새로운 병에 대한 작명 지침이었다.

2015년 WHO는 새로운 병에 대한 이름을 지을 때 병명에 포함될 수 있는 표현과 포함되지 말아야 하는 표현을 나누어 정리한 지침을 마련했다. 새로운 병의 이름을 만들 때는 병에 대한 설명 용어, 원인균 관련 용어, 첫 발생 연도, 임의 식별 기호 등은 포함할 수 있지만 도시, 국가, 지역, 대륙 등 지리적 위치, 사람 이름, 동물이나 음식, 문화, 인구, 산업, 직업의 명칭과 '알려지지 않은', '치명적인'과 같이 공포감을 조성하는 표현은 포함되지 말아야 한다는 내용을 지침에 담았다.

WHO가 이러한 지침을 마련한 것은 늦은 감이 있기는 하지만 분명히 생각의 진보를 보여준 것이라고 평가할 수 있다. 병의 이름에 포함됨으로써 대상에 대한 편견이나 혐오, 부정적 인식이 부당하게 만들어지는 일종의 '낙인 효과'가 발생하는 것을 경계하는 조치이기 때문이다. 그래서 이 조치의 방점은 병의 이름에 포함되지 말아야 할 것에 찍혀 있다고 할 수 있다.

많은 언론은 청와대의 요청이 합리적이라는 판단하에 '우한 폐렴'을 '신종 코로나'로 바꿔 부르기 시작했다. 하지만 일부 보수 언론과 보수 단체, 그리고 제1야당의 입장은 달랐다. 청와대의 요청이 중국의 눈치 보기일 뿐이라고 비판하며 '우한 폐렴'이라는 명칭을 고집했다.

이러한 공방이 벌어지는 와중에 2월 12일 스위스 제네바에서 열린 WHO의 회의에서는 감염병의 공식 명칭을 'COVID 19'로 결정했다. 이에 우리 정부는 즉시 중앙사고수습본부를 통해 WHO의 결정을 받아들이되, 소통의 편의를 위해 한국어 명칭을 '코로나19'로 정한다고 발표했다. 이후 감염병의 이름은 코로나19라는 명칭으로 빠르게 안정되어 갔다.

이렇게 감염병을 부르는 말은 '원인 불명의 폐렴'에서 '우한 폐렴'을 거쳐 '신종 코로나'로 불리다가 최종적으로는 '코로나 19'로 정착된다.

● 정치적인, 너무나 정치적인

이렇게만 보아서는 명칭을 둘러싼 치열한 줄다리기가 왜 일어나게 되었는지를 알 수 없다. 너무나 합리적인 방향으로 잘 정리되어 가는 듯 보이기 때문이다.

그런데 문제는 일부 보수 언론과 보수 단체, 그리고 제1야당의 감염병 이름에 대한 태도였다. 이들은 청와대의 권고안이 나온 이후는 물론, 심지어 WHO의 공식 결정으로 감염병의 이름이 정해진 이후에도 '우한 폐렴'이라는 이름을 버리지 않았다.

이때부터 감염병의 이름을 어떻게 부르는가가 정치적 견해를 대변하는 진영 논리로 자리 잡게 된다.

당시 제1야당인 자유한국당(현 국민의힘)과 보수 언론이 '우한'이라는 지명을 고집한 이유는 명칭을 통해 정부의 감염병 대응에 대한 문제점을 부각하고자 한 것이다. 정부가 감염병 초기에 중국 눈치를 보느라 중국으로부터의 입국을 제한하지 않았기 때문에 감염병이 확산되었다는 것을 두드러지게 하는 데 있어서, 병의 명칭에 '우한'이 들어가는 것이 유리하다고 생각한 결과였다. '우한'이라는 명칭을 통해 정치적 틀 짜기를 시도한 것이다.

반면에 정부와 여당은 이러한 야당의 틀 짜기에 맞서기 위해 WHO의 권고안을 전면에 내세우면서 병의 이름에서 지명인 '우한'을 빼는 것이 맞다며 언론을 설득했다.

이름을 두고 벌인 줄다리기가 얼마나 첨예한 것이었는지는 2월 초부터 있었던 국회 내 특별위원회(특위) 구성에 대한 여야의 대립을 보면 극명하게 드러난다. 2월 초 여야는 4월 총선을 대비하고 감염병 관련 특별법을 비롯한 민생법을 처리하기 위해 임시국회 개원과 감염병 관련 특별위원회 구성에 합의한다.

하지만 특위의 구성은 '우한'이라는 명칭을 넣어야 한다는 야당의 입장과 그 명칭을 넣을 수 없다는 여당의 입장이 첨예하게 맞서며 공전을 거듭하게 된다. 특위의 구성에 대한 합의는 임시국회가 열린 2월 17일 이후에도 명칭의 문제로 인해 진전을 이루지 못하고 지연되다가 결국 2월 20일 '국회 코로나19 대책특별위원회'라는 명칭에 여야가 합의하며 일단락된다. 그리고 2월 26일, 첫 국내 확진자가 나온 이후 37일 만에 겨우 특위의 구성이 마무리되었다.

● **짚어야 할 두 가지**

여기서 짚어야 할 것은 두 가지다. 첫 번째로 짚어야 할 것은 감염병의 이름에 '우한'을 넣어 불러야 한다고 주장하는 일부 언론과 정치인들이 WHO가 2015년에 관련 지침을 만들었다는 것을 몰랐거나 혹은 그 지침에 문제가 있다고 생각했을까 하는 것이다.

'우한'을 고집하는 사람들이 주장하며 내세우는 논리 중 하나는 '메르스', 즉 '중동호흡기 증후군'에는 지명이 들어가는데 왜 '우한 폐렴'은 안 되냐는 것이다. '메르스' 외에도 '스페인 독감', '홍콩 독감', '에볼라 바이러스(Ebola virus)'●, '지카 바이러스(Zika virus)'●● 등도 모두 지역명이 들어가 있는 명칭이라는 것이다. 그런데 사실 이 명칭들은 모두 지침이 만들어진 2015년 이전에 붙여진 이름이다.

● 괴질바이러스의 일종으로 1976년 피터 피옷(Peter Piot) 박사가 콩고민주공화국 에볼라 강에서 발견한 데서 기인한 명칭이다.
●● 우간다 지카 숲에서 1947년 최초로 발견되어 붙여진 명칭이다.

'우한'을 고집하는 사람들은 기존의 지역명이 들어간 병의 이름이 지침이 만들어지기 이전인지 이후인지에 대해서는 절대로 언급하지 않았다. 아울러 그들은 WHO가 병 이름에 지명을 쓰지 말라고 권고한 것이 부당하다고 주장하지도 않았다. 단지 '우한'을 감염병의 이름에 꼭 넣어야 한다고만 주장했다. '우한'이라는 지명을 빼자는 정부의 입장은 중국 눈치를 보는 것에 불과하다고 강조할 뿐이었다.

전적으로 정치적 틀 짜기의 의도가 '우한 폐렴'이라는 명칭을 고집하게 했던 것이다. 그 과정에서 논리적 근거나 이성적 판단은 존재하지 않았다.

두 번째로 짚어봐야 할 것은, 청와대나 정부가 WHO의 지침에 주목한 이유가 전적으로 감염병의 올바른 명명법 때문이었을까 하는 것이다. WHO의 공식 명칭이 결정되기 이전 시점에 청와대가 먼저 언론에 WHO의 권고안을 언급하면서 감염병의 명칭 변경을 요청한 것은 다소 이례적인 일이라고 할 수 있기 때문이다. 칭찬할 말한 일이기는 하지만 이례적인 일임은 분명하다.

명칭을 통한 야당의 정치적인 공세가 없었더라도 과연 WHO의 권고안을 기초로 감염병의 명칭에 주목하였을까 하는 의문을 갖게 하는 대목이다. 그리고 이러한 의문은 청와대가 언론에 WHO의 권고안을 바탕으로 '신종 코로나'라고 명칭을 변경해 줄 것을 요청한 시점을 확인해 보면 더욱 짙어진다.

명칭 변경 요청의 시점이 감염병의 이름이 확산되기 시작한 시점이 아니라 중국인의 입국을 금지해야 한다는 여론이 높아졌던 시점이라는 점을 고려할 때 더욱 그렇다.

정치적 의도야 어떻든 WHO의 지침은 이름으로 인해 특정 집단이나 지역 등에 부적절하게 낙인을 찍는 일이 없어야 한다는 것, 즉 차별과 혐오를 조장하지 않아야 한다는 점에서 반드시 귀 기울여야 할 지침임에는 분명하다.

● 명칭이 주는 '틀 짜기'의 효과

이름을 짓는다는 것은 이처럼 사태를 바라보는 틀을 짜는 일이다. 이름을 지으면 짧은 한 마디로 복잡한 사태가 일목요연하게 정리되는 효과를 갖는다. 그래서 명칭을 어떻게 붙이는가는 명칭이 의미하는 바를 어떻게 수용할지에 대한 큰 틀을 정해버리는 효과를 갖게 된다. 명칭 짓기는 누구의 어떤 관점에서, 누구의 어떤 입장에서 틀을 짜는가에 따라 매우 첨예하게 대립될 수 있는 정치적인 행위가 된다. 그래서 명칭을 두고 벌어지는 줄다리기는 늘 치열하고 민감하며 어떤 명칭으로 사태를 기술하는가를 통해 그 사람이 가진 정치적 관점을 드러내게 한다.

이것이 표현에 목숨을 거는 이유, 아니 표현에 목숨을 걸 수밖에 없는 이유고 감염병의 이름을 두고 벌였던 언어의 줄다리기가 치열할 수밖에 없었던 이유다.

유례가 없는 전 세계적 대유행이 되어 버린 감염병의 소용돌이 속에서도 목숨보다 중요한 듯 벌어졌던 언어의 줄다리기. 하지만 너무나도 허무하게 끝나서 이제는 흔적도 없어져 버린 언어의 줄다리기. 이러니 언어는 인간의 모든 것에 대한 모든 것이 아닐 수 없다.

● 두 번째 풍경: 비말과 침방울이 던지는 질문

2015년 처음 '비말'이라는 단어를 접하고 도저히 무슨 뜻인지 알아듣기 어려웠던 기억이 난다. 2015년 여름에도 우리는 감염병과의 싸움을 했었다. 중동호흡기 증후군, 일명 메르스로 더 널리 알려진 감염병의 유행이 그때도 우리의 일상을 흔들었었다.

이때 보도에서 가장 귀에 설었던 단어가 '비말'이었다. 비말이라는 말을 처음 듣고 너무나 낯설어서 사전을 찾아보았던 기억이 있다. 사전에는 '날아 흩어지거나 튀어오르는 물방울'이라고 되어 있었다. 크게 도움이 되지 않았다.

그래서 함께 자주 등장하는 '감염'이라는 단어와 붙여서 '비말 감염'을 검색해 보았다. 의학 용어라고 되어 있었고 '환자의 기침과 더불어 퍼지는 병균으로 감염되는 일'이라고 풀이되어 있었다. 이런 설명만으로는 도대체 비말이 무슨 뜻인지 확실하게 알기 어려웠다. 더 정확한 뜻을 알기 위해 의학 관련 문서를 비롯해 다양한 문서들을 검색해 보았다.

열심히 찾아보니 '비말'은 다름 아닌 '침방울'이었다!

침방울이라고 했다면 누구나 알아들을 수 있었을 텐데 언론 보도는 계속 '비말'이라는 단어를 사용했다. 다행히 메르스는 상대적으로 금방 끝났고 비말이라는 단어는 그 후 한동안 나타나지 않았다.

그런데 2019년 말, 지금까지 우리의 일상을 뒤흔드는 코로나19의 출현과 함께 '비말'이라는 단어가 다시 들리기 시작했다. 코로나19는 그야말로 재난 상황이었고, 재난 상황이 되자 재난 보도가 이어졌다. 정부와 언론은 재난 상황에 대비하는 다양한 지침들을 시민들에게 알리기 위해 다양한 홍보물과 캠페인을 벌였다. 그런데 비말은 시민들이 꼭 알아야 하는 단어인 것처럼, 혹은 알았어야 하는 단어인 것처럼 재난 보도에 여과 없이 사용되었고 홍보물과 캠페인에도 등장했다. 우리가 왜 비말이라는 단어를 학습해야 하는지 설명도 없이 침방울은 비말이 되어 갔다.

● 비말은 침방울이 될 수 있을까?

하지만 비말의 범람 속에서 침방울을 지키기 위한 노력이 전혀 없었던 것은 아니다.

코로나19 관련 재난 보도가 쏟아지는 가운데 2020년 2월 24일부터 27일까지 열린 국립국어원의 새말모임에서는 재난 보도에서 사용되고 있는 어려운 말을 쉬운 말로 바꾸어 줄 것을 제안했다. 이 모임을 통해 지적된 어려운 말은 '비말'을 비롯하여 '코호트 격리', '진단 키트', '의사 환자', '드라이브 스루' 등이었다. 당시 언론에 자주 사용되고 있던 말이었다.

새말모임의 결과는 보도자료의 형태로 기자들에게 배포되었다. 재난 보도에서 비말은 '침방울'로, 코호트 격리는 '동일 집단 격리'로, 진단 키트는 '진단 도구(모음)' 혹은 '진단 (도구) 꾸러미'로, 의사 환자는 '의심 환자'로, 드라이브 스루는 '승차 진료(소)'로 바꾸자는 내용이 포함된 것이었다.

보도자료를 바탕으로 몇몇 언론사는 비말 대신 침방울을 쓰자는 기사를 내보냈다. 하지만 정작 대부분의 기자들은 이미 익숙해진 비말을 버리지는 않았다. 기자들에게도 처음에는 익숙한 단어가 아니었지만, 전문가들과의 소통을 통해 비말이라는 단어를 익히게 되었고 이렇게 익힌 비말은 기자들의 말과 글에서 좀처럼 사라지지 않았다. 그러는 사이 기자들에게 비말은 익숙한 말이 되어 갔다. 그리고 비말이라는 단어를 몰라서 당황했던 기억은 어느새 잊힌 과거가 되어 버린 듯 기사에는 비말이 범람했다. 그래도 지속적으로 비말 대신 침방울을 써야 한다는 목소리는 이어졌다.

필자도 힘을 보탰다. 그즈음 라디오와 텔레비전 방송에서 언어와 관련된 꼭지를 진행하게 된 필자는 방송에서 '비말'을 '침방울'로 바꾸어 말하자는 이야기를 했다. 2020년 6월 5일 YTN 라디오의 〈슬기로운 라디오생활〉에서 생방송으로, 그리고 같은 날 방송된 MBC의 〈탐나는 TV〉의 한 꼭지인 '우리말 새로고침'을 통해 '비말'이 왜 '침방울'이 되어야 하는지 목소리를 냈다.

이러한 목소리들이 모여 비말은 침방울이 되어가는 듯했다. 실제로 언론의 보도에도 침방울이 자주 등장하였고, 그 즈음 정부의 코로나19 정례 브리핑이나 보도자료를 보면 비말보다는 침방울을 쓰려는 노력이 보이는 듯했다. 그런데 마스크의 이름이 문제였다.

정부가 2020년 6월 16일 코로나19 정례브리핑에서 공적 마스크 제도 개선안을 발표했는데 발표를 맡은 주무부처(식품의약품안전처)의 장이 '침방울 차단용 마스크'라는 표현 대신 '비말 차단용 마스크'라는 표현을 사용했던 것이다. 그 즈음 언론에서는 비말을 침방울로 바꾸어 부르자는 목소리가 수용되어 비말 대신 침방울을 사용하였고, 그 연장선상에서 '비말 차단용 마스크'도 '침방울 차단용 마스크'로 바꾸어 보도하고 있었다. 그런 흐름과는 반대로 식품의약품안전처장이 해당 브리핑 자리에서 '비말 차단용 마스크'라는 용어를 정부의 공식 입장으로 발표한 것이다.

이 발표를 듣고 시민단체인 사단법인 한글문화연대는 이틀 후인 2020년 6월 18일 공문을 통해 식품의약품안전처장에게 '비말'이라는 말 대신 '침방울'이라는 말을 써 달라는 의견을 전달했다. 하지만 정부는 여전히 '비말 차단용 마스크'라는 표현을 버리지 않았고 '침방울 차단용 마스크'로 바꾸려는 노력을 전혀 보이지 않았다.

● 그런데 왜 비말은 침방울이 되어야 하는가?

비말이라는, 일상에서는 전혀 사용하지 않는 말을 재난 보도에서 사용한다는 것은 재난 보도를 하는 목적이 무엇인지 그 목적을 망각한 태도라는 점에 그 심각성이 있다. 재난 상황을 알리는데 그 내용을 전하는 말이 어려워서 이해하지 못하는 사람이 생긴다면 심각한 문제가 아닐 수 없다.

시민들이 꼭 알아야 할 내용은 코로나19가 침방울을 통해 감염된다는 사실이지 비말이 침방울이라는 사실이 아니다.

새로운 상황은 어쩔 수 없이 새로운 단어의 학습을 이끌게 된다. 하지만 '침방울'이라는 쉬운 표현을 두고 '비말'처럼 전문가가 아니면 알 수 없는 표현을 익혀야 할 이유가 있을까? 특히 국가적 재난 상황이라면 더욱 '침방울'을 버리고 '비말'을 사용할 이유가 없다. 재난 상황에서는 더욱 시민들에게 알리는 표현을 고를 때 깊은 고민이 필요하다. 재난 보도는 시민들의 안전과 생명에 직결되는 만큼, 이를 접하는 시민들이 누구나 쉽게 알아들을 수 있는 용어와 표현을 사용해야 한다.

시민들의 배경은 매우 다양하다. 재난 관련 보도나 홍보는 다양한 배경을 가진 시민들과 소통하는 일이라는 점을 꼭 염두에 두어야 한다. 재난 관련 정보를 시민들에게 알릴 때는 '나에게는 익숙한 말이지만 누구에게나 익숙한 말인가'를 반드시 물어야 한다. 그렇다면 어떤 표현을 써야 하고 쓰지 말아야 하는지에 대해 판단을 내릴 수 있을 것이다.

누군가가 말이 알아듣기 어려워 정보에서 소외되고 그로 인해 재난을 피하지 못했다면 그것은 너무나도 안타까운 상황이 아닐 수 없다.

● 언어가 주는 권력: 누구의 언어인가?

코로나19 상황에서 우리는 너무나 많은 전문 용어와 새말을 만났다. 앞에서 살펴본 '비말'은 물론, '코호트 격리', '음압 병실', '에크모 치료', '사회적 거리 두기', '비말핵', '에어로졸', '기저 질환', '확진자', '에피데믹', '팬데믹', '엔데믹', '인포데믹', '포스트 코로나', '위드 코로나', '드라이브스루', '워크스루', 'n차 감염' 등 일일이 열거하기 어려울 정도다.

감염병 초기, 방송에서는 많은 전문가들이 출연해서 위와 같은 낯설고 어려운 단어들을 쏟아냈다. 이 단어들을 들으며 누군가는 소외감을 느꼈을지도 모르고 누군가는 감염병을 더욱 공포스럽게 느꼈을지도 모른다.

만약 일반인에게 정보를 전달하고자 하는 것이 목적이라면 '코호트 격리'보다는 '동일 집단 격리'라는 말을 사용하는 것이 더 낫다. '코호트'라는 말이 로마 시대의 군부대 단위의 이름이었고 통계학에서 동일한 특성을 공유하는 대상 집단을 의미한다는 것을 일반인이 굳이 알 필요는 없다.

'음압 병실'도 마찬가지다. 음압이란 마이너스 압력을 의미한다. 감염을 막기 위해 병실 내부의 압력을 병실 외부보다 낮게 유지할 수 있는 장치가 마련된 병실을 말한다. 이와 정반대로 내부의 압력을 높여서 외부의 공기가 들어오지 못하게 하는 병실인 '양압 병실'도 있다.

그런데 양압 병실은 양압 병실이라고 부르지 않고 '무균실'이라고 부른다. 양압 병실로 부르는 것보다 무균실로 부르는 것이 일반인에게는 훨씬 이해가 쉽다. 음압 병실이라는 이름은 병실을 만든 원리에 주목하여 지은 이름인 반면에 무균실이라는 이름은 병실의 기능에 초점을 맞추어 지은 이름이기 때문이다.

그렇다면 음압 병실도 '무균실'처럼 병실의 기능에 초점을 맞춰 '감염병 격리 병실' 혹은 '감염 차단 병실' 등과 같이 사용자들이 직관적으로 쉽게 이해할 수 있는 이름을 붙이는 것이 더 좋지 않았을까 한다. 일반인의 입장에서 병실을 만든 원리보다는 병실의 기능이 더 중요한 정보가 될 수 있기 때문이다.

이름을 통해 우리는 그 이름을 붙인 사람들의 태도를 짐작할 수 있다. 그래서 우리는 무균실은 친절한 이름이라는 생각이 드는 반면에 음압 병실은 불친절한 이름이라는 생각이 드는 것이다. 그 이름이 누구를 위한 이름이 되기를 바라는가에 답하면서 지어진 이름인가 아닌가가 이름에 드러난다.

'에피데믹'이나 '팬데믹'과 같은 익숙하지 않은 어려운 외래어를 사용하여 설명하는 전문가들과 그들의 설명을 학습하여 그대로 받아적는 기자들의 태도도 함께 고민해 보아야 한다. 에피데믹이란 유행이고 팬데믹은 대유행을 의미한다. 왜 우리가 재난 보도를 통해 에피데믹과 팬데믹이라는 단어를 학습해야 할까? 학습이 필요하다면 기자들이 학습해서 우리가 알아들을 수 있는 말로 기사를 써 줘야 하는 것이 아닐까?

언어를 통해 벽을 만들고 그 벽을 넘어오지 못하는 사람의 안전과 생명은 돌볼 가치가 없다고 생각하지 않는 한 쉬운 언어로 소통하여 언어의 벽이 만들어지지 않아야 한다. 특히 감염병과 같은 재난 상황에서 언어가 권력이 되는 일은 더더욱 경계해야 한다. 언어 권력을 가진 사람은 대처하고 언어 권력을 갖지 못한 사람은 대처하지 못하는 상황이 벌어진다면 그것은 진정한 민주 사회라고 하기 어렵다.

'언택트'와 '빠던'이 던지는 질문

언어를 대하는 우리의 태도

"

어렵다는 비난을 받으면서도
왜 전문가들은 어려운 말들을 쏟아내는가?

저속하다는 비난을 받는 말들이
저속하다는 평가를 받는 진짜 이유는 무엇인가?

어려운 전문어는 고상하고 쉬운 일상어는 저속한 것인가?
전문어와 일상어에 대한 이러한 태도는
왜, 어떻게 만들어진 것인가?

전문어와 일상어의 거리가 먼 한국어.
한국어가 현재 이런 모습을 갖게 된 이유는 무엇인가?
앞으로 우리는 어떤 모습의 한국어를 만들어 가야 하는가?
이를 위해 우리는 어떤 태도로 언어를 바라보아야 할까?

아울러 진정한 민주주의의 실현을 위해
언어 민주주의가 선행되어야 하는 이유를 생각해 본다.

"

● 앵커의 입에서 나온 조금은 낯선 단어

2020년 5월 6일 저녁 뉴스를 보고 있었다. 여러 뉴스 중에 필자의 흥미를 끈 것은 전날 개막한 한국 프로 야구에 대한 미국 팬들의 반응과 뒷이야기를 전하는 내용이었다. 보통 3월에 개막하는 프로 야구가 코로나19로 인해 개막이 미뤄지다가 전날인 5월 5일 어린이날 무관중으로 시작한 터였다. 무관중이기는 했지만 오랜 기다림으로 개막전에 쏠린 관심은 그 어느 때보다 높았다.

그런데 한국 프로 야구 개막전에 관심을 가진 것은 한국의 야구 팬들만이 아니었다. 코로나 상황이 심각했던 미국과 일본이 프로 야구 리그를 시작하지 못하고 있던 상황이어서 한국 프로 야구의 개막은 전 세계 프로 야구 팬들의 이목을 끌었다. 사상 최초로 미국에 생중계된 한국 프로 야구에 대한 미국 팬들의 반응은 열광적이었다.

그날 저녁 뉴스는 개막전에 대한 미국 야구 팬들의 다양한 반응을 소개했다. 스포츠 사이트는 물론 일간지 1면에 소개된 것, 실시간 트렌드 검색어에 등장한 것, 팬들이 올린 시청 인증 샷, 어느 팀을 응원해야 할지 고민이라는 팬들의 글도 소개했다. 또, 야구장에 걸린 피자 광고가 화면에 잡히면서 그 광고의 모델인 개그맨이 미국에서 화제가 되었다는 내용과 함께 개막전의 하이라이트인 시구에 대한 반응까지 다양한 이야기를 재미있게 편집해서 전했다.

하지만 무엇보다 화제가 된 것은 미국 프로 야구에서는 금지된 '배트 던지기' 일명 '빠던'에 대한 미국 팬들의 반응이었다. 영어로는 'bat flip(배트 플립)'이라고 하는 이 행위는 타자가 타격을 마치고 홈런성 타구라고 짐작하는 경우 1루로 출루하면서 야구 방망이를 던지는 행위를 일컫는다. 한국 프로 야구에서는 일종의 팬 서비스로 행해지는 이 행위가 미국 프로 야구에서는 상대 팀 투수를 자극한다는 이유로 금지된 행위라서 미국 프로 야구 팬들에게 매우 이색적으로 비친 모양이다.

뉴스를 전하는 앵커의 입에서 나온 '빠던'이라는 단어는 신선한 충격이었다. 속어 같은 느낌을 주는 단어를 앵커가 말한다는 것도 흥미로웠지만, 그날 뉴스에서 처음 접한 단어인데도 익숙하고 쉽게 이해가 되었기 때문이다.

빠던이 정확히 언제 만들어진 말인지는 확인되지 않지만, 국립국어원이 2015년 3월에 발표한 2014년 신어로 선정된 것을 보면 2014년 즈음에 만들어진 단어인 것으로 보인다. 실제로 신문 기사 검색을 해 보면 이 단어가 대체로 2014년부터 기사에 등장하는 것을 확인할 수 있다.

● '새말'에 대한 두 가지 반응

빠던만이 아니다. 다양한 새말이 지금도 곳곳에서 만들어지고 있다. 일부는 절실한 필요에 의해 만들어지고 일부는 재미 삼아 만들어지기도 한다. 절실함 때문이든 재미 삼아든 대체로 새말들에 대한 사람들의 반응은 부정적이다. 내가 알지 못하는 말이란 누구에게나 불편한 것이기 때문이다.

사람들의 부정적인 반응을 요약하면 크게 둘로 나뉜다. '너무 어렵다'와 '너무 저속하다'가 그것이다.

어렵다는 느낌을 주는 새말은 대체로 잘 쓰지 않는 한자어로 된 말이거나 외래어로 된 말이다. 외래어의 경우는 특히 영어권에서 들어온 말이 주류를 이룬다. 어렵다류에 속하는 말들은 전문가 집단에서 시작되어 일반인에게 퍼지는 것이 일반적이다.

그 과정에서 전문가들을 취재한 언론 종사자들의 역할이 크게 작용한다. 최근 전문가 집단은 학문적으로 영어권의 영향을 많이 받은 탓에 외래어 전문 용어를 일상적으로 많이 사용하는 경향이 있다. 덕분에 전문가가 말한 것을 기자가 그냥 받아 적으면 외래어 기반의 전문 용어는 언론을 통해 일반 시민에게 여과 없이 전달되게 된다.

외래어 투성이의 전문 용어는 영어에 익숙한 사람이 아니면 의미 단위를 쪼개어 그 뜻을 추론할 수 없다. 게다가 소리의 배열이 익숙하지 않아서 입에도 잘 안 붙고 기억도 잘 되지 않는 문제가 있다. 그러니 이 말을 처음 접한 일반 시민들은 어렵다는 느낌을 받지 않을 수 없다.

한편, 저속하다는 느낌을 주는 새말은 아주 다른 전파 경로를 갖는다. 일반적인 사람들이 만들고 일반적인 사람들이 동조하면서 빠르게 확산되는 특징을 보인다. 최근에는 주로 인터넷 공간에서 만들어지고 전파되는 양상이 두드러진다.

이 단어는 왠지 저속하다는 느낌을 주기는 하지만 쉽게 잘 학습되는 특징이 있다. 처음 들었을 때는 '뭐지? 처음 듣는 말이네' 하다가 그 말의 뜻을 듣고 나면 누구나 금방 '아하!' 하며 쉽게 이해하게 된다. 금방 입에 붙는다. 그러니 전파가 빠를 수밖에 없다.

● '다듬어 써야 할 말' 대 '사라져야 할 말'

그런데 흥미로운 점은 두 유형의 새말을 대하는 우리의 태도가 아주 다르다는 점이다.

어렵다류의 새말들은 외래어가 대부분이어서 순수한 우리말을 어지럽히는 주범으로 지목되는 경향이 있다. 하지만 이 말들은 한국어의 품위를 손상시키는 저속한 말이라는 손가락질을 받지는 않는다. 대체 표현이 필요한 말이라고 인식될 뿐, 없어져야 할 말이라는 비난을 받지는 않는 것이 일반적이다.

그래서 이 말들은 보통 다듬을 말의 명단에 올라 국립국어원 '새말모임'의 손길을 거치게 된다. 모임의 손길을 거쳐 나온 다듬은 말은 대체로 조금은 어렵고 익숙하지 않은 한자어의 모습을 갖게 되는 것이 일반적이다.

반면에 저속하다류의 새말에 대한 태도는 아주 다르다. 같은 새말이지만 이들은 한국어의 품격을 떨어트리는 말이라고 손가락질을 받는다. 다듬어 써야 할 말이 아니라 그냥 없어져야 할 말로 생각되는 경향이 있다. 그래서 이런 말들은 공식적인 자리에서 사용되면 안 되는 말로 인식된다. 방송이나 언론에서 사용되면 비난을 받게 되는 이유다. 이 말은 왠지 한국어의 아름다움을 파괴하는 나쁜 단어라는 느낌을 주고 써서는 안 될 말이라는 생각을 갖게 한다.

뉴스에서 '빠던'을 듣고 신선한 충격을 받은 이유가 바로 여기에 있다. '빠던'은 전형적으로 저속하다류에 속하는 새말인데 그런 '빠던'이 저녁 뉴스에 등장했으니 귀가 쫑긋해질 수밖에 없었던 것이다.

'빠던'이 저속하다류 새말의 예라면 '언택트'는 어렵다류 새말의 예가 될 수 있다. 언택트는 코로나19 초기인 2020년 상반기에 가장 많이 사용된 새말 중 하나라고 해도 과언이 아니었다. 2020년에 만난 두 단어, '언택트'와 '빠던'을 통해 우리가 지닌 단어에 대한 태도, 그리고 말이 말해 주고 있는 우리의 모습에 대해 생각해 보려 한다.

이를 위해 우선 이 두 단어가 어떻게 만들어진 단어인지부터 알아볼 필요가 있다.

● '새말'은 어떻게 만들어지는가?

어렵다류를 대표하는 새말인 언택트는 부정의 의미를 가진 영어의 접두사 'un-'과 접촉하다라는 의미를 가진 영어 단어 'contact'가 합쳐져서 새로 만들어진 단어다. 그냥 합쳐진 게 아니라 접두사 'un-'이 contact의 뒷부분인 'tact'와 합쳐져서 만들어졌다.

이런 단어 만들기 방식을 융합(blending)이라고 한다. 'break-fast'와 'lunch'가 합쳐져 만들어진 'brunch'나 'smoke'와 'fog'가 합쳐져 만들어진 'smog'가 바로 융합을 통해 만들어진 영어 단어의 대표적인 예라고 할 수 있다. 이들은 각각 'breakfast'의 앞부분 'br'와 'lunch'의 뒷부분 'unch'가 융합되어 'brunch'가 되었고 'smoke'의 앞부분 'sm'와 'fog'의 뒷부분 'og'가 융합되어 'smog'가 된 것이다.

융합을 통해 만들어진 외래어는 특히 어렵다. 외래어 단어 자체도 낯선 데다가 그 단어들을 가지고 새말을 만드는 방법도 우리에게는 익숙한 방법이 아니기 때문이다. 융합 이전 단어를 들어도 다른 나라 말이니 어려운데 그 단어의 일부만을 합해서 만든 말의 의미를 그 소리와 연결하여 생각하기란 쉽지 않다.

우리는 코로나 상황에서 언택트 외에도 '팬데믹pandemic(pan + epidemic)', '인포데믹infodemic(information + epidemic)', '웨비나webinar(web + seminar)' 등 융합의 방법으로 만들어진 외래어를 많이 접했다. 그런데 전문가의 입을 통해, 그리고 보도를 통해 이런 단어를 접하고 누군가는 감염병의 상황을 더 공포스럽게 생각했을지도 모른다.

이 단어들도 예외 없이 다듬을 말의 명단에 올랐다. 국립국어원 새말모임을 통해 '언택트'는 '비대면'으로 '팬데믹'은 '(감염병) 세계적 유행'으로, '인포데믹'은 '악성 정보 확산'으로 '웨비나'는 '화상 토론회'로 다듬어졌다. 모두 한자어로 다듬어졌음을 확인할 수 있다. 다듬어졌다기보다는 설명을 했다고 보는 게 낫다. 다듬은 말이 단어라고 보기에는 너무 길고 설명적이기 때문이다. 다듬을 말은 분명 단어였는데 다듬은 말은 단어가 아니니 대신 쓰는 것이 망설여질 수도 있고, 그래서 불만스러울 수도 있다.

한편, 저속하다류를 대표하는 빠던은 야구 방망이를 의미하는 '빠따'의 '빠'와 '던지다'의 '던'이 결합하여 만들어진 단어다. 야구 팬들이 만들어낸 것으로 추정되는 이 단어에는 '배트'보다 훨씬 일상에서 많이 사용하는 속어인 '빠따'가 쓰이고 있다는 점이 흥미롭다. 덕분에 '빠던'이 이루어지는 상황을 보여주는 영상과 함께 '빠던'이라는 단어를 들으면 누구나 쉽게 '빠던'이 '빠따 던지기'가 줄어서 된 말임을 추측할 수 있다.

한국어에서 긴 말을 압축해서 한 단어로 만드는 가장 일반적인 방법 중 하나는 빠던에서와 같이 이어지는 단어들의 첫 글자를 따는 방법이다. '먹방(먹는+방송)', '갑분싸(갑자기+분위기+싸해짐)', '문상(문화+상품권)', '노조(노동+조합)' 등등이 이런 방법으로 만들어진 대표적인 새말이라고 할 수 있다. 이러한 말들은 한국어 사용자들에게 재료도 익숙하고 말 만드는 방법도 익숙하다.

이렇게 따져보니 언택트와 빠던은 똑같이 새말이고 똑같이 긴 말을 줄여서 만든 말이다. 그런데도 두 말을 대하는 우리의 태도는 아주 다르다는 것을 알 수 있다. 한쪽은 어려우니 다듬어 쓰자고 하고, 다른 한쪽은 저속하니 없애자고 한다.

어려우니 다듬자고 하는 것은 충분히 이해할 수 있다. 그런데 징직 다듬은 말을 보면 쉽지 않다는 것이 문제다. 심지어 다듬은 말이 더 어려울 때마저 있다.

한편, 저속하다는 평가를 받는 단어들의 경우는 저속하다는 평가가 왜 내려졌는지 그 이유가 선명하게 드러나는 것 같지 않다. '빠던'의 '빠'가 배트의 일본식 발음이 굳어진 속어 '빠따'에서 왔기 때문일까? 그렇다면 저속한 말이 하나도 포함되지 않은 '먹방'이나 '갑분싸', '문상'이나 '노조'는 억울하지 않을까? 사실 저속하다는 평가는 말의 내용을 두고 이루어진 것이 아니다.

그렇다면 그 말들이 저속하다는 평가를 받게 된 이유는 무엇일까?

● 저속하다는 평가를 받는 이유

어렵다류의 단어와 저속하다류의 단어를 누가 만들었는지 비교해 보면 저속하다는 평가가 무엇을 두고 이루어졌는지를 확인할 수 있다. 어렵다류의 새말은 전문가 집단에서 시작되고 전문가 집단이 주로 사용하다가 일반에게 퍼진다는 특징이 있다. 반면에 저속하다류의 새말은 일반인이 만들어 일반인 사이에서 퍼지는 것이 특징이다.

결국, 저속하다는 평가는 '말'에 대한 평가가 아니라 그 말을 만들고 사용하는 '사람'에 대한 평가임이 드러난다. 일반인이 만든 새말에 저속하다는 평가가 뒤따르고 있음을 통해 이를 확인할 수 있다.

전문가들이 만든 새말이 보통 어렵다는 평가를 받게 되는 이유는 그들이 일상적이지 않은 어려운 재료와 익숙하지 않은 방법을 활용해서 새말을 만드는 경향이 있기 때문이다. 전문어는 대부분 한자어나 외래어가 재료가 되는 경우가 많다. 반면에 고유어는 일상어의 영역에서 사용되는 경향이 있다.

전문적이고 학술적인 말에 주로 한자어와 외래어가 사용되다 보니 한자어와 외래어는 고상하고 고급스럽다는 느낌을 갖게 한다. 반면에 일상에서 주로 사용되는 고유어는 상대적으로 급이 낮다는 인상을 갖게 한다. 이러한 생각이 말에 대한 우리의 태도와 고정관념을 만들어간 것이다. 그리고 그 태도와 생각이 다시 사용되는 말로 인해 각인되는 악순환의 고리가 이어지게 된 것이다.

그 악순환의 고리를 끊어내지 않는다면 언어 사용자들의 직관에 잘 맞는 쉬운 재료와 익숙한 방법으로 새말을 만드는 새롭고 참신한 방법은, 저속하다는 평가를 받게 될까 두려워 시도되기 어려워질 것이다. 그렇게 된다면 우리말 안에는 어려워서 이해가 잘 되지 않는 말 혹은 우리 것이 아니어서 순화 대상이 되는 말이 점점 많아질 수밖에 없게 될 것이다.

결국, '언택트'는 전문어처럼 느껴지고 '빠던'은 전문어가 되기에는 뭔가 어색하다는 생각이 들게 한 것은 말 그 자체가 아니라 우리가 가진 말에 대한 태도였던 것이다.

● '드라이브스루 진료'는 왜 '차타고 진료'가 될 수 없을까?

코로나 상황에서 대한민국은 창의적인 방법으로 소위 K-방역을 만들어갔다. '드라이브 스루 진료'도 대표적인 성공 사례 중 하나로 꼽힌다. 감염이 의심되는 사람들이 자신의 차를 스스로 운전하고 와서 차에서 내리지 않고 차를 탄 채로 손쉽게 검사를 마칠 수 있도록 만들어진 곳이 바로 '드라이브스루 진료소'다. 감염이 의심되는 사람이 검사를 위해 진료소를 찾았다가 다른 사람들을 감염시킬 수 있는 가능성을 없애기 위해 고안된 것이다.

그런데 그 이름을 우리 전문가들은 '드라이브스루 진료(소)'

라고 지었다. 감염병의 대유행 상황에서 우리의 생각으로 고안된 방법인데 그 방법의 이름이 어려워서 일반 시민들이 알아듣지 못하는 웃지 못할 상황이 벌어진 것이다. 알아듣기 어려운 이름을 붙인 탓에 시민들은 입에도 붙지 않는 말에 소외감을 느꼈고 정부는 그 방법의 이름을 알리기 위해 쓸데없는 노력을 해야 했다. 시민들이 쉽게 알아들을 수 있게 '차타고 진료(소)' 혹은 '차탄채 진료(소)'와 같은 이름을 붙였다면 어땠을까?

물론, '드라이브스루'라는 말은 유명 햄버거 업체와 커피 업체를 통해 연령이 낮은 세대, 그리고 대도시 지역에 사는 사람들에게는 익숙한 표현일 수 있다. 하지만 연령이 높거나 대도시 지역에 살지 않는 사람들에게는 익숙하지 않은 표현일 수 있다.

'드라이브스루'에 이어 '워크스루'도 개발했다. 걸어가면서 검사를 받는 방법이다. 그런데 왜 대한민국 국민들을 위해 만든 진료소의 이름이 '워크스루 진료(소)'가 되어야 할까? '걸어서 진료(소)' 혹은 '걸으며 진료(소)'라고 하면 모두 다 쉽게 알아들을 수 있지 않았을까? '드라이브스루'나 '워크스루'는 해외에 수출할 때 쓰는 이름으로 삼아도 문제는 없지 않았을까?

물론 지금 우리가 가지고 있는 언어에 대한 태도가 바뀌지 않으면 이렇게 이름을 붙일 가능성은 희박하다. 이런 방법은 매우 낯선 방법이기 때문이다. 그러니 전문가들은 순화 대상이라는 비난을 감수하고라도 '드라이브스루 진료(소)'와 같이 일반인이 알아듣기 어려운 새말을 만들어 쓰려는 태도를 갖게 된다. 만약 '차타고 진료(소)' 혹은 '차탄채 진료(소)'와 같은 방법으로 새말을 만들면 단어 같지 않고 뭔가 어색하고 전문성이 떨어진다는 느낌을 주기 때문이다.

● 당신의 잘못이 아니다

외래어는 새로움과 함께 낯설고 어렵다는 인상을 준다. 새롭거나 강하거나 어려운 말은 우리의 귀를 쫑긋하게 만드는 효과가 있다. 익숙하지 않은 표현을 통해 새로움을 부각하면 사람들의 이목을 쉽게 끌 수 있다. 돈을 벌고자 하는 사람들은 주로 이런 효과를 노린다. 홍보 마케팅 분야에 외래어가 범람하는 이유다.

한편, 전문가가 사용하는 어려운 말은 전문성을 돋보이게 하는 장치가 되기도 한다. 그 말에 익숙하지 않은 비전문가는 그 말을 알아듣지 못하는 것이 자신의 탓인 양 조심스럽다. 전문가의 말이 무슨 뜻인지 모른다고 하면 자신이 무식해 보이는 것은 아닐까 전전긍긍하게 된다. 그리고 그 말의 어려움을 탓하는 게 아니라 그 말을 알아듣지 못하는 자신을 탓한다. 이렇게 전문가의 어려운 말은 권력이 된다.

특히 외래어 사용에 대해 고민해야 하는 이유가 바로 여기에 있다. 외래어를 쓰지 말아야 하는 이유는 언어 순혈주의를 고집하기 위해서가 아니다. 말 때문에 정보로부터 소외되는 사람들이 생기는 것을 경계하기 위해서다. 쉬운 말이란 듣고 그 뜻을 쉽게 짐작할 수는 있는 말이다. 그런데 외래어는 재료 자체가 낯설어서 그 말을 듣고 무슨 뜻인지 쉽게 짐작하기 어렵다.

만약 알게 하는 것이 목적이라면 알 수 있게 만들어야 하고, 알지 못하게 하는 것이 목적이라면 알지 못하게 만들어야 한다. 그러니 전문가의 말을 듣고 당신이 모르는 것도, 기사를 읽고 당신이 어려워하는 것도 당신의 탓이 아니다. 당신을 알게 하는 것이 바로 그들의 임무이기 때문이다. 전문가의 진정한 전문성은 비전문가에게도 전문적인 내용을 쉽고 친절하게 설명할 수 있을 때 더욱 돋보이는 법이다. 또한, 잘 쓰인 기사는 누구나 읽고 이해가 되어야 한다.

당신이 보통의 이해력을 가지고 있는데도 당신을 이해시키지 못하는 전문가나 기자는 능력이 부족하거나 당신에게 알려 주기 싫거나 둘 중의 하나일 것이다.

전문어와 일상어의 거리가 멀어질수록 일반인들의 정보 접근성은 낮아질 수밖에 없다. 정보 접근성이 낮아지게 되면 일반인과 전문가 사이에 정보 비대칭성이 커지면서 두 집단 사이에 정보 격차가 발생하게 된다. 그리고 정보 격차의 크기만큼 정보를 가진 쪽이 권력을 갖게 된다.

그렇게 말은 권력이 되고 그 말을 가진 쪽은 권력 집단이 되어 일반인에게 군림하게 되는 것이다. 쉬운 말이 평등의 실현을 위해 꼭 필요한 이유다. 진정한 민주주의의 실현, 즉 모두가 주권자로서의 역할을 할 수 있는 사회를 만들기 위해서는 정보 격차를 최소화하는 것이 매우 중요하다. 진정한 민주주의가 실현되려면 언어 민주주의가 선행되어야 하는 이유다.

한국어 사용자들은 익히기 쉬운 문자인 한글 덕분에 문자 접근성에 있어서는 세계 최고 수준을 자랑한다. 글자를 몰라서 글을 읽을 수 없는 사람이 거의 없다고 해도 과언이 아닌 상황이다. 하지만 일상적이지 않은 어려운 전문어 탓에 전문 영역에 대한 정보 접근성은 매우 떨어지는 것이 사실이다.

● 언어의 우열이 아니라 언어 사용자의 우열

영어권에서 공부한 전문가들을 만나면 자주 이런 말을 듣게 된다. "한국어는 너무 어려운 언어예요!"라는 말이다. 한국어가 모국어니까 당연히 한국어를 영어보다 훨씬 잘하는데도 영어로 논문을 쓰는 것이 한국어로 논문을 쓰는 것보다 훨씬 쉽다며 왜 이렇게 한국어는 어렵냐고 한탄을 한다. 한국어로 논문을 쓰려면 용어부터 어떻게 한국어로 표현해야 할지 몰라서 포기하게 된다며 한국어를 탓한다. 영어는 표현이 훨씬 풍부한데 한국어는 그렇지 못하다는 말이 그 뒤를 잇는 것이 보통이다.

그들의 말을 잘 뜯어보면 그들이 진짜 하고 싶은 말은 '한국어가 어렵다'가 아니다. '한국어로 표현하기가 어렵다', 즉 '한국어는 표현력이 부족한 언어다'라는 말이다. 한국어는 영어에 비해 표현력이 부족하기 때문에 영어로 표현할 때는 별로 문제가 없는데 한국어로 표현을 하려고 하면 어려움을 겪게 된다는 것이 그들이 전달하고자 하는 진짜 이야기다. 결국 그들이 진짜 어려워한 것은 '한국어'가 아니라 '한국어로 표현하는 것'이다.

하지만 그것은 언어의 탓이 아니다. 언어 사용자들의 탓이다.

언어에는 우열이 존재하지 않지만, 언어 사용자들 사이에는 우열이 분명히 존재한다. 한 언어권 내의 언어 사용자들도 그렇지만 언어권 사이에도 그렇다. 해당 언어 사용자들이 그 언어를 가지고 얼마나 다양한 표현을 해 보았는가에 따라서 언어의 표현력은 달라진다. 학문 분야가 만들어지기 전에 이미 그 분야를 표현할 수 있는 모든 방법이 존재하는 것이 아니라 학문 분야가 만들어져 발달하는 과정에서 해당 분야에서 하고자 하는 표현의 내용이 생기면 그것을 표현하고자 하는 노력들이 모이게 된다. 그리고 그것을 표현할 수 있는 방법이 개

발되어 가는 것이다.

따라서 한국어가 어떤 분야에 대해 표현력이 부족하다면 그것은 한국어 탓이 아니라 한국어 사용자들의 탓이다. 예를 들어 한국어로 어떤 분야의 논문을 쓰기가 어렵다면 그것은 한국어로 전문적 표현을 만들어가지 못한 그 분야 전문가들의 책임인 것이다. 영어로 전문적인 표현을 잘할 수 있게 된 것은 영어권 전문가들이 그러한 노력을 지속적으로 해 온 덕분이지 영어가 태생적으로 그런 표현을 잘할 수 있는 언어였기 때문이 아니라는 뜻이다.

결국, 영어는 전문적 표현에 더 우월한 언어이고 한국어는 전문적인 표현에 열등한 언어라고 생각하는 것은 잘못이다. 이보다는 영어 사용자들은 영어를 가지고 전문적인 표현을 하는 방법을 훨씬 오랫동안 깊이 고민하면서 그 방법을 스스로 만들어 온 반면에, 한국어 사용자들은 아직 그런 고민의 시간과 경험이 부족했다고 하는 것이 맞다.

우리가 우리 역사에서 우리말을 가지고 전문적이고 학술적인 내용을 표현해 본 것은 그리 오래되지 않았다. 한국어로 작성된 문서가 국가의 공식 문서로 인정받은 것은 갑오개혁 이후이고 그나마 일제강점기 동안에는 한국어가 국어로 인정받지도 못했다. 그러니 한국어의 표현력을 탓할 게 아니라 한국어의 표현력을 높이지 못해온 과거와 현재를 반성하고 노력을 통해 미래를 기약해야 한다.

　이를 위해 전문가들에게 꼭 필요한 태도는 번역가의 태도가 아니라 창조자의 태도다. 외국의 전문 용어를 학습해서 이것을 어떻게 한국어로 번역할까를 고민하는 태도에서 벗어나서 만약 내가 그런 개념을 만들고 그런 체계를 세우고 그런 이론을 만들었다면 나는 나의 말로 어떤 이름을 붙일까를 고민하는 태도를 가져야 한다.

　남들이 만든 말을 그냥 가져다 쓰면 당장은 쉬울 수 있다. 하지만 그렇게 되면 그 말에 종속되어 자신의 말을 만들 수 없게 된다. 자신의 말을 만들 수 없다면 결국은 자신의 생각을 만들 수 없게 된다는 문제가 생긴다는 것을 꼭 기억해야 한다.

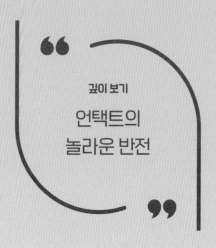

언택트의
놀라운 반전

언택트라는 단어는 놀라운 반전을 가지고 있다. 영어권에서 유입된 단어가 아니라 국내에서 만들어진 단어이기 때문이다. 이 단어는 외래어의 모양을 하고 있지만 국내에서 만들어진 단어이고 국내에서만 유통되는 단어다.

이 단어가 처음 사용된 것은 《트렌드 코리아 2018》이라는 책에서였다. 2017년 서울대학교 소비트렌드분석센터가 펴낸 이 책에 2018년의 동향을 예측하는 키워드 중 하나로 언택트가 제안되어 있다. 이 책에서는 '무인서비스의 함축된 개념으로 사람과의 접촉, 즉 콘택트(contact)를 지우는 언택트(un+tact)라는 조합어를 새롭게 제시한다'고 하며 이 단어를 만든 배경이 설명되어 있다. 그리고 이 단어의 의미를 '사람과의 만남을 대신하는 방식(비대면)×4차 산업혁명 기술(인공지능·빅데이터·IoT 등)'으로 정의하고 있다.●

이 단어가 신문 기사에 처음 등장한 것은 자연히 이 책이 출간된 2017년 10월 이후다. 이 단어가 언제부터 얼마나 자주 사용되었는지를 뉴스 빅데이터 분석 시스템인 '빅카인즈'에서 확인해 보았다. 중앙지와 방송사 뉴스를 대상으로 이 단어가 포함된 기사를 연도별로 확인해 보았다. 처음 출현한 2017년 17건을 시작으로, 2018년과 2019년에는 각각 48건과 50건이 검색되었다가 최근 코로나19로 인해 그 관련 기사가 쏟아지면서 2020년에는 사용이 급증하여 무려 7,879건의 기사가 검색되었다.

영어로 된 기사를 대상으로 이 단어를 검색하면 영어권에서 이 단어가 사용되지 않는다는 것을 확인할 수 있다. 영문으로 된 기사에서 이 단어가 사용되는 경우는 거의 대부분 국내 언론의 영어판이다. 이 단어가 영어권에서 사용되는 말이 아니라는 것을 지적한 2020년 3월 7일 자 《중앙선데이》의 기사에서도 확인된다.●● 이 기사는 한국외대 명예교수 김우룡이 기고한 것으로 언택트는 영어권에서 만들어진 말이 아니라 한국에서 만들어진 영어, 즉 콩글리시라고 지적하고 있다.

하지만 필자의 관심은 언택트가 콩글리시인지 아닌지가 아니다. 필자의 관심은 국내 연구진이 국내 도서를 출판하는 과정에서 왜 한국어를 재료로 단어를 만들지 않고 영어를 재료로 단어를 만들었는가에 있다.

● 《트렌드 코리아 2018》, 김난도 외, 미래의 창, 2017.
●● 〈비대면 'untact marketing' 잘못 … 'direct marketing'으로 써야〉, 김우룡, 중앙선데이, 2020.03.07.

2007년부터 매년 간행되고 있는 이 책에는 언택트 외에도 정말 많은 외래어 혹은 외국어가 등장한다. 책의 제목도 그렇지만 다음 해를 예측하는 말을 영어를 기준으로 축약하여 표현하는 전통(?)도 가지고 있다. 대한민국의 미래를 한국어가 아니라 영어로 표현하는 현실을 우리는 어떻게 생각해야 할까?

언어의 높이뛰기

신지영 교수의 언어 감수성 향상 프로젝트

초판 1쇄   2021년 9월 1일
초판 4쇄   2022년 12월 10일

지은이 │ 신지영

발행인 │ 문태진
본부장 │ 서금선
편집 1팀 │ 한성수 송현경 유진영

기획편집팀 │ 임은선 임선아 허문선 이준환 최지인 이보람 이은지 장서원 원지연
마케팅팀 │ 김동준 이재성 문무현 김윤희 김혜민 김은지 이선호 조용환
디자인팀 │ 김현철 손성규   저작권팀 │ 정선주
경영지원팀 │ 노강희 윤현성 정헌준 조샘 조희연 김기현 이하늘
강연팀 │ 장진항 조은빛 강유정 신유리 김수연

펴낸곳 │ ㈜인플루엔셜
출판신고 │ 2012년 5월 18일 제300-2012-1043호
주소 │ (06619) 서울특별시 서초구 서초대로 398 BnK디지털타워 11층
전화 │ 02)720-1034(기획편집) 02)720-1024(마케팅) 02)720-1042(강연섭외)
팩스 │ 02)720-1043   전자우편 │ books@influential.co.kr
홈페이지 │ www.influential.co.kr

ⓒ 신지영, 2021

ISBN 979-11-91056-93-8 (03700)